100 Warm-ups für Trainings und Seminare

Marcel Karreman

100 Warm-ups für Trainings und Seminare

Aktivierende Übungen
für Gruppen und Teams

aus dem Niederländischen übersetzt
von Waltraud Heitzer-Gores

hogrefe

Titel der Originalausgabe:
Marcel Karreman: Warming-ups en energizers. Voor groepen, teams en grote bijeenkomsten.
1. Auflage 2002, 8. Auflage 2011 © All Rights Reserved by Thema, uitgeverij van Schouten & Nelissen, Zaltbommel

Bibliografische Information der Deutschen Nationalbibliothek
Die Deutsche Nationalbibliothek verzeichnet diese Publikation in der Deutschen Nationalbibliografie; detaillierte bibliografische Daten sind im Internet über http://dnb.dnb.de abrufbar.

Hogrefe Verlag GmbH & Co. KG
Merkelstraße 3
37085 Göttingen
Deutschland
Tel. +49 551 999 50 0
Fax +49 551 999 50 111
verlag@hogrefe.de
www.hogrefe.de

Umschlagabbildung: © izusek – iStock.com by Getty Images
Satz: ARThür Grafik-Design & Kunst, Weimar
Druck: Media-Print Informationstechnologie GmbH, Paderborn
Printed in Germany
Auf säurefreiem Papier gedruckt

1. Auflage 2018

(E-Book-ISBN [PDF] 978-3-8409-2895-6; E-Book-ISBN [EPUB] 978-3-8444-2895-7)
ISBN 978-3-8017-2895-3
http://doi.org/10.1026/02895-000

Vorwort

Der Beginn. Gleich geht es los. Eine Gruppe sitzt vor Ihnen und schaut Sie erwartungsvoll, vielleicht distanziert, vielleicht sogar etwas misstrauisch an. Sie wissen, dass es auf diese ersten Momente ankommt. Die ersten Momente entscheiden, ob es gut laufen wird oder nicht. Fußballprofis sagen oft: Der erste Ballkontakt ist entscheidend.

Ich bin Trainer, aber nicht auf dem Sportplatz, sondern in Unternehmen. Ich habe Kollegen, die von Anfang an einen genauen Plan für ihr Training im Kopf haben. Sie haben die Zielgruppe analysiert, die Ziele definiert und das Programm penibel von hinten nach vorn zusammengestellt. Sie wissen schon vorher genau, mit welcher Übung sie anfangen werden.

Manchmal beneide ich solche Kollegen. Ich selbst bin völlig anders. Von Natur aus weniger fleißig und strukturiert, überlege ich oftmals erst im Auto, ob mir ein guter Anfang einfällt. Das führt gelegentlich zu einem Überschwang an Kreativität. Manchmal klappt es gar nicht. Durch Schaden und Schande klug geworden, habe ich natürlich immer einige geeignete Warm-ups auf Lager, auf die ich zurückgreifen und eventuell am Flipchart kreativ weiterführen kann. So entsteht meist etwas Schönes und Sinnvolles. Aber auf dem Nachhauseweg kann es passieren, dass ich darüber grüble, wie ich – hätte ich einen anderen Beginn gewählt – mehr aus dem Tag hätte herausholen können.

Vielleicht kennen auch Sie den Gedanken *Ich hätte mehr herausholen können.* Es gibt viele Veranstaltungen – Arbeitsgespräche, Konferenzen, Sitzungen, Brainstormings, Workshops oder Kongresse – bei denen der richtige Start oder der passende Katalysator im richtigen Moment die richtigen Impulse setzt. Es erfordert zwar etwas Mut, wenn Sie aber bereit sind, Ihren kreativen Eingebungen zu folgen, wird sich die Wirkung einstellen und Sie können sich auf mehr Zufriedenheit über Ihre Arbeit freuen.

Oft habe ich mir gedacht: Wo ist denn das übersichtlich gestaltete Buch, das eine Sammlung von geeigneten Warm-ups und Aktivierungsübungen (Energizer) präsentiert? Ich dachte an ein klar und einfach strukturiertes Buch, das man immer bei sich tragen kann. Dieses Buch habe ich nun selbst geschrieben, in der Hoffnung, dass Sie es gern bei sich tragen und so stets einen kreativen sowie effektiven Einstieg für Ihre spezielle Gruppenveranstaltung finden werden.

Ich möchte allen Menschen danken, die „anonym“ einen Beitrag geliefert haben. In der Hoffnung, dass sie es im Interesse der kreativen Weiterentwicklung unseres Fachs getan haben, habe ich dankbar Gebrauch von ihren Ideen gemacht. Umgekehrt hoffe ich, dass Sie, die Leserinnen und Leser, ebenso uneingeschränkt meine Ideen übernehmen werden. Denn nur durch den kreativen Umgang mit Warm-ups können neue Ideen entstehen, aber auch alte Techniken erhalten bleiben. Und die kreative Weiterentwicklung sorgt dafür, dass dieser Teilaspekt unserer Arbeit als Trainer, Coach oder Moderator seine sinnvolle und unterstützende Wirkung in jedem Training und Gruppentreffen entfalten kann.

Marcel Karreman

Inhaltsverzeichnis

Einführung

Gedämpftes Licht im Saal, die bekannten Werbespots sind gelaufen. Vereinzelt wird noch gesprochen, das Rascheln von Popcorntüten ist zu hören. Nach den ersten Bildern wird es still. Nahaufnahme eines brennenden Streichholzes. Schwarze Leinwand und dann ein gewaltiges Feuermeer und die ersten Filmtitel. Schwarze Leinwand. Ein verliebtes Paar rennt die Treppe eines Tanzpalastes hinunter. Ein Mann hält das Paar auf. An den hübschen Jungen gewandt sagt er: „Marietta sagt, du hättest sie in der Damentoilette bedrängt. Das ist nicht die feine Art, sich an die Mutter der eigenen Freundin heranzumachen. Marietta will, dass ich dich kalt mache." Leinwandgroße Aufnahme eines aufspringenden Stiletts. Es kommt zum Kampf. Der verliebte Junge stößt den Mann auf die Treppe, wo er mit dem Kopf aufschlägt. Der Mann scheint tot zu sein. Die letzten Titel laufen über die Leinwand.

Wir wissen noch nicht, wie die Geschichte weitergeht, aber wir sind ganz bei der Sache, lassen uns nicht mehr durch unsere Umgebung ablenken, wir riechen nicht einmal mehr das Popcorn. Unsere Fantasie wurde angeregt, wir sind emotional berührt. Wir wollen sitzen bleiben, auch wenn wir nicht verstehen, was diese ersten Bilder zu bedeuten haben.

Vergleichen Sie diese Situation einmal mit einem Film, der mit den Luftaufnahmen einer Stadt anfängt. Ein Fluss, die Skyline, Wolkenkratzer, der Verkehr. Solche Bilder kennen wir. Wir warten ab und reden noch ein wenig miteinander. Wir haben noch nicht angefangen.

Bei einem Training, einem Seminar oder einer anderen Art von Veranstaltung, wenn man noch damit beschäftigt ist, Hände zu schütteln, Kaffee einzuschenken, die Teilnehmerliste durchzugehen und einige praktische Mitteilungen zu machen, entspricht dies dem Moment, in dem man das Kino betritt und die Werbung läuft. Dann folgt der Beginn. Meistens sagen Sie etwas über das Programm, das Sie vorbereitet haben und Sie machen eine Runde „Namen – Funktion – Erwartung". Wir überfliegen die Stadt. Noch haben wir nicht richtig angefangen. Das könnte eine Gruppenarbeit wie viele andere auch werden. Ein gutes Warm-up kann dieselbe Wirkung haben wie die unerwarteten Filmszenen, genauso wie ein starkes optisches Signal bei einer Präsentation oder die ersten fesselnden Zeilen eines Romans.

Definition

Oft werden die Begriffe „Warm-up" und „Energizer" (Aktivierungsübung) nicht präzise definiert und durcheinander verwendet. Warm-up-Übungen werden oft mit der Anfangssituation am Morgen assoziiert, wenn die Gruppe „warmlaufen" soll, eine Aktivierungsübung dagegen folgt in der allgemeinen Vorstellung im Lauf des Tages, wenn der anfängliche Drive abgeflaut ist. In diesem Buch wird hauptsächlich der Begriff „Warm-up" verwendet.

Merke

Ein Warm-up ist eine zielgerichtete, kurze, einführende Übung, die darauf abzielt, eine Gruppe effektiver werden zu lassen.

Ein Warm-up im Sinne dieser Definition kann morgens, aber auch an allen anderen Momenten eines Tages stattfinden. Die Verwirrung um den Begriff „Energizer" bzw. Aktivierungsübung kann verhindert werden, wenn wir diesen Begriff nur im Zusammenhang mit körperlicher Aktivität verwenden, also als körperaktivierende Übung. Wir werden zwölf Kategorien von Warm-ups kennenlernen. Körperaktivierende Übungen (Energizer) sind eine dieser Kategorien.

Kategorien

In diesem Buch werden die Warm-ups in Kategorien unterteilt, jeder Kategorie ist ein eigenes Kapitel gewidmet. Eine Kategorie kann etwas über die Phase, in der sich eine Gruppe befindet, aussagen (zum Beispiel Phase des Kennenlernens) oder über die Atmosphäre in der Gruppe oder darüber, welche Haltung die Teilnehmer am Ende einnehmen sollen, damit davon ausgegangen werden kann, dass die Gruppe effektiver arbeiten kann (zum Beispiel Förderung der Kreativität). Mit anderen Worten, Warm-ups können auf den *Prozess*, der in der Gruppe stattfindet, eingehen, sie können aber auch explizit ein Thema in den Mittelpunkt stellen. Dies wäre zum Beispiel bei einem Führungstraining der Fall oder bei einer Besprechung über Konfliktmanagement im Team. Dann sagt die Kategorie etwas über den *Inhalt* des Treffens aus.

Zu jeder Kategorie gibt es eine kurze Einführung, die die Thematik beleuchtet. Und dann sind wir auch schon mittendrin, in der praktischen Arbeit. Sie finden eine große Zahl von Übungen, die jeweils übersichtlich nach festen Kriterien dargestellt werden: Zielstellung(en), eventuell benötigtes Material oder Anforderungen an die Räumlichkeiten, benötigte Zeit, Art und Weise der Durchführung, eventuell Varianten und Gegenanzeigen. Daraus lässt sich schnell erkennen, dass man eine Übung aus der Kategorie „Spontanität und kreatives Denken und Handeln" eher nicht auswählen sollte, wenn man anschließend die konzentrierte Aufmerksamkeit der Gruppe braucht.

Zusätzlich mache ich deutlich, für welche andere(n) Kategorie(n) eine Übung noch geeignet ist. So können zum Beispiel Übungen aus der Kategorie „Kennenlernen“ auch verwendet werden, um die Konzentration zu erhöhen.

Am Ende des Buches finden Sie außerdem zu jeder Kategorie eine Aufzählung von Warm-ups, die an anderer Stelle im Buch beschrieben sind, sich aber genauso gut für andere Kategorien eignen.

Die Kategorisierung soll Ihnen dabei helfen, schneller und gezielter ein Warm-up zu finden. Das Buch kann Ihnen allerdings nicht garantieren, dass Sie im richtigen Moment die richtige Übung oder das passende Spiel finden werden. Schlimmer noch, dieses Buch kann Sie sogar zum mechanischen Handeln verführen und Ihre eigene Kreativität hemmen. Ich hoffe sehr, dass Sie durch dieses Buch schnell und gezielt finden, was Sie suchen und ich hoffe außerdem, dass Sie

- die beschriebenen Übungen und Spiele an die aktuellen Bedürfnisse der entsprechenden Gruppe anpassen werden.
- die beschriebenen Übungen und Spiele an Ihre eigene Arbeitsweise, Ihre Möglichkeiten, Vorlieben und eventuellen Unzulänglichkeiten anpassen werden.
- die Übungen und Spiele mit Freude und Engagement anbieten werden: Wenn Sie nicht daran glauben, tut die Gruppe es auch nicht.

Bei den Beschreibungen der Warm-ups kommt oft der Begriff „Trainer“ vor. Damit ist jeder Gruppenleiter gemeint: Gesprächsleiter, Vorsitzende, Organisatoren, Referenten, Moderatoren usw. Manche Warm-ups sind so beschrieben, dass sie sich besonders gut für ein Training eignen und weniger für andere Arten von Treffen oder Veranstaltungen. Aber, ein kreativer Gruppenleiter wird sich dennoch nicht abhalten lassen und die Übung der Situation entsprechend anpassen.

Warm-ups werden oft bei der Arbeit erfunden, die Entdecker bleiben meist anonym. Durch die mündliche Weitergabe verändern sich die Warm-ups mit der Zeit. So gesehen sind Warm-ups Allgemeingut. Einen kleinen Teil der Übungen und Spiele, die ich hier beschreibe, habe ich selbst entwickelt. Die meisten habe ich übernommen von Kollegen auf der ganzen Welt, von Trainern, Dozenten und Therapeuten.

Immer, wenn es mir möglich war, habe ich die Quelle genannt. Manchmal ist die Quelle eine Person, manchmal ein Buch, manchmal eine Methode. Ich möchte alle Leser dazu aufrufen, mir die Urheber von Übungen zu nennen, die mir (noch) nicht bekannt sind, damit ich sie bei weiteren Auflagen des Buches nachtragen kann.

Ich habe noch eine Bitte an Sie, liebe Leserinnen und Leser dieses Buches: Vielleicht arbeiten Sie selbst mit einem außergewöhnlichen und effektiven Warm-up, das nicht in diesem Buch vorgestellt wird. Wenn Sie Ihr Wissen mit anderen teilen möchten, freue ich mich, wenn Sie mich über Ihre spezielle Übung informieren wollen. Wenn möglich, wird sie dann in einem Nachfolge-Buch oder in einer Neuauflage dieses Buches aufgenommen. Wenn Sie sich die Übung selbst ausgedacht haben, werden Sie selbstverständlich als Urheber genannt.

Marcel.Karreman@planet.nl

Teil 1:

Das Warm-up als Kunst und eigenständige Disziplin

Vorbereitung

Wie kriegen Sie eine Gruppe so weit, dass sie bereit ist, etwas vermeintlich Unsinniges zu tun? Es ist eine Kunst, das passende Warm-up auszuwählen und mit der Gruppe durchzuführen. Manchmal braucht es auch eine Portion Mut und Durchsetzungskraft. Man muss wissen, wie eine Gruppe zu aktivieren ist und wie kreative Spiele und Übungen den Lernprozess in einer Gruppe in Gang setzen und man sollte wissen, wie man sich selbst richtig auf ein Warm-up vorbereitet. Lassen Sie uns mit Letzterem anfangen.

Wie bereitet man sich als Trainer/Gruppenleiter optimal vor? Wer sich strikt an die Vorgaben hält, würde das Warm-up planen, nachdem das Programm festgelegt wurde. Das Programm wird anhand der folgenden Fragen – in dieser Reihenfolge – konzipiert:

- Wer ist die Zielgruppe?
- Was ist das Ziel/das gewünschte Resultat?
- Wie sieht das Programm aus?
- Was sind die geeigneten Arbeitsmethoden?
- Welche Übung eignet sich für den Einstieg?

Das funktioniert meist gut. Wenn es für Sie einen Weg gibt, der besser funktioniert, machen Sie es auf Ihre Weise.

Für die Entscheidung, wie und mit welcher Arbeitsmethode man das Training am besten anfangen kann, braucht es *Zeit und Konzentration*. Manche Menschen finden die Antwort zu Hause, vor dem Computer, manche unter der Dusche, andere beim Autofahren. Wieder andere brauchen den realen Arbeitsraum oder sogar die Anwesenheit der Teilnehmer, um sich klar zu werden, wie sie starten wollen. Nehmen Sie sich Zeit und beschäftigen Sie sich mit Ihrer Zielgruppe und den Zielvorgaben für das Training.

Als Nächstes geht es an eine *Analyse*. Wie war die Gruppe beim letzten Treffen oder haben Sie irgendwelche Informationen vom Auftraggeber bekommen? Noch besser: Wie ist die Stimmung an diesem speziellen Morgen? Was erwarten Sie oder was sehen Sie? Und, wie wünschen Sie sich die Teilnehmer, bevor Sie effektiv an die Arbeit gehen können? Was brauchen Sie, um Ihre Brücke zu bauen?

Sie werden nicht ohne *Kreativität* auskommen. Machen Sie ein individuelles Brainstorming, assoziieren Sie. Verwerfen Sie einzelne Gedanken nicht zu schnell, schauen Sie sich alle Möglichkeiten an. Viele Wege führen nach Rom und nicht immer ist die einfachste Technik auch die beste. Vielleicht landen Sie oft bei ein und derselben Übung. Das ist an sich prima. Verlangen Sie nicht von sich, jedes Mal besonders originell sein zu müssen. Überlegen Sie aber, ob für diese spezielle Gruppe nicht eine kleine, selbst ausgedachte Anpassung vorteilhaft wäre. So entwickeln sich Warm-up-Übungen. Die Anpassungen, die Sie sich überlegt haben, können Sie wieder mit Ihren Kollegen teilen, die dann ihrerseits an der Übung weiterfeilen werden.

Schließlich ist es wichtig, dass Sie selbst in der richtigen Verfassung sind, um ein Warm-up gut rüber zu bringen. Sie brauchen Ihr *eigenes Warm-up* oder Ihren persönlichen *Energizer*. Vielleicht hilft es Ihnen, wenn Sie im Seminarraum umhergehen und sich bewegen und so ein Gefühl für den Raum bekommen oder vielleicht mögen Sie Stühle und Tische verschieben, um Energie zu bekommen. Vielleicht ist eine Entspannungsübung für Sie nützlich oder Sie rufen sich die Gesichter der Teilnehmer kurz in Erinnerung, bevor diese in den Raum kommen. Sie könnten auch die Übung, die Sie gleich mit der Gruppe machen werden, zuerst noch selbst nachvollziehen. Ich habe die Erfahrung gemacht, dass es sinnvoller ist, sich auf diese Weise zu fokussieren als das gesamte Trainingsprogramm noch einmal durchzugehen.

Wenn Sie anschließend die Gruppe begrüßt haben, kommt der Moment, an dem es wirklich losgeht. Ein Warm-up durchzuführen, ist eine Kunst für sich. Es kommt auf viele Details an, auf das Timing, das richtige Tempo und die richtige Intonation. Es braucht den Kontakt zu jedem Teilnehmer. Wenn Sie unruhig sind, während Sie eine Vertrauensübung vorstellen, bekommen Sie die Gruppe nicht hinter sich. Wenn Sie eine spielerische Vorstellungsrunde erst zu erklären versuchen, kann der Spaß verloren gehen.

Einen optimalen Effekt erreichen Sie, wenn Sie die genannten Zutaten im richtigen Mischungsverhältnis kombinieren. Sie haben also das richtige Maß an Spannung für das geeignete Warm-up gefunden. Sie fordern sich und die Teilnehmer in angemessener Weise heraus und sind entschlossen, etwas Schönes entstehen zu lassen. Sie suchen wirklich nach etwas Schönem und sind nicht leicht zufrieden zu stellen. Form und Inhalt passen zueinander. Alle Teilnehmer machen mit. Die Teilnehmer sind überrascht. Es entsteht so etwas wie eine Vorstellung ohne Publikum. Ein Erlebnis für die Schauspieler selbst. Und alle sind bereit, aus dem Tag einen guten Trainingstag werden zu lassen.

Es gibt nicht die eine richtige Art und Weise der Vorbereitung und Durchführung. Wichtig ist, sich regelmäßig Zeit für Reflexion zu nehmen, damit man effektiv bleibt und nicht in Routine verfällt. Was funktioniert für Sie? Worauf sollten Sie verstärkt achten, um eine in jeder Hinsicht gelungene Vorbereitung treffen zu können? Reden Sie darüber mit Kollegen. Finden Sie heraus, was Ihre Schwächen und Fallstricke sind und erkennen Sie Ihre blinden Flecken. Suchen Sie neue Wege und gehen Sie Risiken ein. Oder, wie einer meiner früheren Dozenten sagte: „Lernen bedeutet manchmal schreiend aus der Kurve zu fliegen und nicht, kontrolliert die Kurve zu nehmen."

In vielen Übungen, die in diesem Buch beschrieben sind, wird an die Vorstellungskraft des einzelnen Teilnehmers appelliert. Er wird gebeten, sich in Rollen oder Situationen hineinzuversetzen und sich außerdem so zu verhalten, als ob die Situation real sei. Dem Trainer oder Gruppenbegleiter sind die positiven Effekte dieser Übungen bekannt, aber die Teilnehmer können davor zurückscheuen oder das Spiel als unnötig oder sinnlos abtun. Auf die Frage, was Sie tun können, um eine Gruppe soweit zu bekommen, dass sie bereit ist, in einem Spiel „so zu tun, als ob", gehe ich im nächsten Abschnitt näher ein.

Die fünf Lern-Etappen der Teilnehmer

Viele Übungen in diesem Buch setzen Vorstellungskraft, Kreativität und Handlungsbereitschaft voraus. Trainer und Gruppenleiter wissen um die Vorteile einer kreativen Übung. Es gibt Gruppen, die sich gern mithilfe von Schauspiel-Übungen ihre Lernziele aneignen. Die Zahl der Gruppen, die das nicht gerne tun, ist vermutlich größer. „Was soll das denn bringen?" werde ich regelmäßig gefragt. Diese Frage hat meist ihren Ursprung in Unerfahrenheit.

Wir alle haben als Kinder endlos Vater und Mutter oder Cowboy gespielt, aber Erwachsene spielen solche Spiele eher selten. Kinder entdecken, ohne dass es ihnen bewusst ist, auf diese Weise die Wirklichkeit. Sie lernen verstehen, wie die Dinge sich zueinander verhalten und sie trainieren ihre Fähigkeiten, mit dieser Wirklichkeit umzugehen. Als Erwachsene halten wir uns gern an den Gesetzen der Logik fest und orientieren uns an der Realität des Alltags. Die Vorstellung, loszulassen, erfüllt uns mit Angst, der Angst vor dem Unbekannten. Loslassen kann uns aber auch viele Möglichkeiten, Neues zu entdecken, eröffnen. Wer loslässt, lässt es zu, von unerwarteten Ereignissen überrascht zu werden. Und wie kriegt man eine Gruppe so weit, dass sie zur dramatischen Handlung mit offenem Ende bereit ist? Und, dass sie zulässt, im Prozess zu entdecken, dass das, was sie als Teilnehmer spielen, auch etwas über sie als Person aussagt?

Wir sprechen über Warm-up-Übungen, die eine gewisse Dramaturgie haben, wobei der Begriff „Drama" für viele eine negative Konnotation hat. Im Volksmund – und ich höre das auch oft von den Teilnehmern – ist der Begriff gleichbedeutend mit „Elend und großem Leid". „In meinem Leben gibt es schon genügend Dramen". Hier geht es nicht um irgendwelche Handlungen. Es geht um das eigene

Handeln in einem fiktiven Setting. Das funktioniert nicht ohne weiteres. Man muss es lernen.

Der Lernprozess, der zu einem sinnvollen, kreativen Spiel verhilft, verläuft in Etappen. Hier die fünf wichtigsten Etappen für die Teilnehmer:

a) *Aktiv werden.* Ein Tisch und ein Stuhl geben Sicherheit. Sie signalisieren, dass man in erster Linie über den Verstand ansprechbar ist. Das ist uns vertraut. Darüber hinaus auch in Bezug auf unser Verhalten ansprechbar zu sein, ist etwas völlig anderes. Wenn die Stühle und Tische entfernt werden, wird mehr von uns sichtbar. Man kann aufgrund seiner individuellen Erscheinung oder seines Auftretens Reaktionen bekommen. Somit ist schon allein das Aufstehen (manchmal auch vor der Gruppe auf einer improvisierten Bühne) und das In-Bewegung-Kommen, aufregend genug.
Meistens lade ich die Teilnehmer dazu ein, Platz zu machen und (eventuell) Gruppen zu bilden, bevor ich die Warm-up-Übung erkläre. Es gibt immer ein paar Teilnehmer, die der Bitte nachkommen, die anderen folgen oft automatisch. Eine Aktivierungsübung (siehe Kapitel 4) kann eine gute Vorübung für andere Übungen sein. Körperaktivierende Übungen bringen Bewegung ins Spiel, ohne dass zu viel Kreativität verlangt wird.

b) *Zuerst „so tun, als ob“.* Kinder imitieren, was sie sehen, sie stellen Situationen nach und kopieren Verhalten. Erst dann folgt das Empfinden des Gespielten. Für die Teilnehmer an einem Training oder einer anderen Art von Veranstaltung gilt dasselbe. Wenn eine Warm-up-Übung, die Vorstellungskraft und ein „So tun, als ob“ voraussetzt, auf dem Programm steht, kann man mit der Aktion anfangen. „Machen Sie es einfach! Sie werden merken, was es Ihnen bringt.“ Die Übungen „Anklingeln“ und „Parkbank“, die im weiteren Verlauf dieses Kapitel vorgestellt werden (vgl. Übung 1 und 2), eignen sich sehr gut für eine erste Berührung mit dem Theaterspielen. Hier muss man noch nicht in die Rolle eines anderen schlüpfen.

c) *Erkennen.* Indem er es einfach macht, fängt der Teilnehmer sukzessive an zu verstehen, dass sein Spiel auch etwas über ihn selbst aussagt. Übung 3 „Keine zwei sind gleich“ veranschaulicht das sehr gut. Wenn Teilnehmer A einen Metzger spielt, wird das ein anderer Metzger sein als der von Teilnehmer B gespielte. Warum ist das so? Die Persönlichkeit der schauspielernden Personen wirkt sich auf die zu spielende Rolle aus. Manche Teilnehmer gelangen zu dieser Einsicht, wenn sie selbst eine Rolle gespielt haben. Sehr oft ist es so, dass Teilnehmer diese Erkenntnis gewinnen, wenn sie anderen beim Schauspielen zusehen: „So wie Sie den Richter gespielt haben, so sind Sie auch in der Arbeit!“

d) *Vertrauen.* Sobald die Teilnehmer den Zusammenhang zwischen dem Dargestellten und der Realität sehen, fangen sie an, darauf zu vertrauen, dass das Spiel einen Sinn hat, dass es Spaß machen kann und dass sie etwas daraus lernen können. Es entsteht mehr Eigeninitiative. In dieser Phase wird der Teilnehmer zum Vorreiter. Er wagt es, mehr mit unbekannten Rollen zu experimentieren.

e) *Gestalten durch Einfühlen.* Das gewonnene Vertrauen führt dazu, dass sich der Teilnehmer mehr und mehr auf die Rolle, die er spielt, einlässt. Das heißt, beim Spiel werden Emotionen erlebt. Die imaginierte Situation wird genutzt, um neuen Gefühlen Raum zu geben und neues Verhalten auszuprobieren.

Für ein Warm-up sind sicher nicht immer alle Etappen notwendig. Manchmal kann es bereits ausreichen, wenn sich die Teilnehmer in eine andere Situation hineinversetzen und die Lage aus einem anderen Blickwinkel heraus anschauen können. Das ist dann immer noch eine rationale Aktivität. Manchmal genügt es auch schon, in die Aktivität zu kommen und Spaß zu haben.

In einer Gruppe befinden sich in der Regel immer Menschen mit mehr und Menschen mit weniger Erfahrung im Theaterspielen. Die Teilnehmer mit mehr Erfahrung dürften schneller zu den Etappen vier und fünf kommen. Sie werden Zugpferde für den Rest der Gruppe. Lassen Sie denjenigen mit weniger Erfahrung ihr eigenes Tempo. Spielen lernt man nicht durch Druck. Schon allein der Begriff „Spielen" ist damit nicht kompatibel. Spielen ist erlaubt, es ist aber kein Muss. Die fünf goldenen Regeln, die Sie im Folgenden lesen, können Ihnen Ansätze und Werkzeug dafür liefern, die Teilnehmer zum Spielen zu animieren.

Fünf goldene Regeln für Gruppenleiter

Die erste Etappe für den Teilnehmer lautete: „Aktiv werden". Was können Sie als Gruppenleiter tun, damit der Teilnehmer diesen ersten Schritt machen kann?

a) Verführen

Der Sinn einer Übung erschließt sich den Teilnehmern vorab oft nicht, aber im Nachhinein erkennen sie meist sehr gut, wozu die Übung gut war. Die Kunst besteht deshalb darin, die Teilnehmer sozusagen unbemerkt in Aktion kommen zu lassen. Setzen Sie Ihren Charme ein. Versuchen Sie, die Teilnehmer dorthin zu lenken, wo Sie sie hinhaben wollen. Machen Sie Ankündigungen wie diese: „Wir wollen jetzt etwas machen, das keinen Sinn ergibt. Machen Sie etwas Verrücktes, probieren Sie sich aus. Nützt es nicht, schadet es auch nicht. Es ist völlig ungefährlich." Seien Sie gut gelaunt und fröhlich und kommen Sie schnell in Aktion. Wählen Sie eine Person aus der Gruppe aus, von der Sie wissen, dass sie kooperativ ist oder über Erfahrung verfügt. Machen Sie gemeinsam mit dieser Person die Übung vor. Schauspielern Sie. Bleiben Sie locker. Lassen Sie Raum zum Lachen. Machen Sie Fehler, versuchen Sie nicht zu vermitteln, wie „toll" Sie sind. Fassen Sie sich kurz.

b) Erklären

Wenn Sie nicht verführen wollen, oder wenn die Methode „Verführen“ nicht zum Thema oder zum Moment passt, dann müssen Sie die Dinge erklären. Erzählen Sie, wie Kinder spielend lernen und sagen Sie, dass diese Art des Lernens auch für Erwachsene noch möglich ist und dass man mit den Übungen, die Sie geplant haben, Dinge auf eine indirekte Art lernen kann. Oder, dass die Art und Weise, wie jemand spielt, etwas über ihn aussagt. Wie könnte es sonst sein, dass, wenn einer einen Kapitän spielt, dieser Kapitän völlig anders ist als der Kapitän, den ein anderer spielt?

c) Grenzen respektieren

Betrachten Sie das Warm-up wie den ersten Flirt eines Teilnehmers mit dem Medium Schauspiel/Theater. Seien Sie vorsichtig miteinander. Respektieren Sie die Grenzen, die die Teilnehmer angeben. Belohnen Sie alles, was gemacht wird, außer, wenn bestimmte Grenzen überschritten werden. Jeder Schritt ist ein Erfolg. Und wenn es nur das (kurze) Betreten der „Bühne“ ist. Auch wenn nur „Talking Heads“ auf der Bühne stehen: zwei Menschen, die miteinander reden, ohne Darstellung und ohne Aktion. Übungen in einem Kreis mit anderen bieten mehr Sicherheit als Übungen, die frontal vor dem Publikum gezeigt werden. Zuerst sollten immer alle etwas machen, dann zwei Personen im Kreis, vielleicht gefolgt von einem Solo im Kreis, dann vor der Gruppe auf der Bühne. Bleiben Sie ganz in der Nähe der Teilnehmer, wenn sie die Bühne betreten. Bringen Sie eine deutliche Grenzlinie an zwischen dem Bereich, in dem geschauspielert und gespielt wird und dem Bereich, in dem über das Spiel gesprochen wird.

d) Erwarten Sie kein wirkliches Schauspiel

Um sich zu schützen, halten Teilnehmer oft eine gewisse Distanz zu dem, was sie schauspielerisch verkörpern. Das Schauspiel wirkt dann nicht „lebensecht“. Wir sehen also im Training kein Hollywood-Schauspiel, das uns Zuschauern glauben macht, das Dargestellte würde wirklich geschehen. Ein Gruppenleiter könnte in der Situation versucht sein, Druck auszuüben, damit die Teilnehmer ihr Spiel lebensnaher gestalten, zum Beispiel indem sie Szenen mehrfach spielen lassen oder dazu auffordern, die entsprechende Emotion auch explizit zu zeigen. Das wird allerdings erst dann gelingen, wenn der Teilnehmer an diese Arbeitsweise glaubt. Gemäß den fünf Etappen für Teilnehmer ist das erst ab der dritten Etappe der Fall. Lassen Sie dem Teilnehmer die Distanz, die er braucht damit er spielen kann. Wenn er einmal mehr Erfahrung hat, wird er mehr Spaß an der Sache entwickeln und sich selbst ausreichend Raum geben, um das, was er spielt, auch selbst zu spüren. Bei den Warm-ups geht es um das Experiment, um eine erste Begegnung mit der Thematik, die später, im Verlauf der Veranstaltung vertieft wird. Es geht um Überraschungsmomente und um zufällige Aha-Erlebnisse, es geht darum, Energie zu schöpfen und Möglichkeiten zu eröffnen. Es geht nicht um tiefgreifende emotionale Erfahrungen.

e) Genießen

Ein Warm-up wird eingesetzt, um die Thematik zu vertiefen. Die Bereitschaft, weitere Schritte zu gehen, soll kreiert werden. Die Teilnehmer öffnen sich, sie wollen entdecken und lernen. Das alles gelingt nur bei einer angenehmen Arbeitsatmosphäre. Sorgen Sie deshalb dafür, dass die Teilnehmer selbst ihr Schauspiel genießen können. Machen Sie es nicht zu schwierig.

Es gibt noch einen wichtigeren Grund, das Genießen so besonders hervorzuheben. Ernst Kris hat in seinem gleichnamigen Buch den Begriff der „ästhetischen Illusion" geprägt (Kris, 1977). Er meint damit, dass die Schönheit des Schauspiels die Illusion erweckt, das, was gezeigt wird, sei auch gut. Wenn der darbietende Teilnehmer genießt, was er tut, genießt das Publikum, hier der Rest der Gruppe, die Darbietung ebenso. Wenn das Publikum genießt, wagt der rollenspielende Teilnehmer mehr und erhöht seinen Genuss weiter. Mehr Genuss öffnet die Tür zu mehr Wagnis und mehr Experimentierfreude. Daraus ergibt sich ein spannenderes Spiel, das man sich gerne ansieht.

Der Gruppenleiter ist hier aufgefordert, dafür zu sorgen, dass die Möglichkeiten vorhanden sind, um Schönes entstehen zu lassen, nicht nur inhaltlich, sondern auch durch die äußeren Bedingungen. Machen Sie die Aufgabe einmal vor, laden Sie dazu ein, dass die gesamte Bühne genutzt wird (auch Höhe und Tiefe), verwenden Sie die vorhandenen Stühle und Tische (aber eben nicht in der sonst üblichen Funktion), arbeiten Sie mit Gegenständen/Hilfsmitteln (beispielsweise mit Kleidungsstücken von anderen Teilnehmern). Lassen Sie am Ende des Spiels die Gruppenmitglieder klatschen. Sie werden das gerne tun, wenn Sie mit dem Applaus anfangen! Genießen Sie gemeinsam.

Im Folgenden werden fünf Übungen präsentiert, die Ihnen helfen können, die fünf goldenen Regeln umzusetzen. Diese Übungen verfolgen keine anderen Ziele, sie sind ausschließlich dazu da, einer Gruppe das Schauspielen nahe zu bringen und beim Spielen das Lernen zu lernen.

Übung 1: Anklingeln

Ziel der Übung

In einer kurzen Spielsituation spielt jedes Gruppenmitglied – der Reihe nach – zunächst sich selbst und anschließend eine Rolle.

Dauer der Übung

15 bis 20 Minuten

Beschreibung

- Die Gruppenmitglieder stehen im Kreis. Die Übung im Kreis zu machen, fühlt sich für die meisten entspannter an, als auf der Bühne zu stehen. Der Trainer erklärt das Spiel: „Ich werde zu einer Person hingehen und anklingeln. Sie dürfen die Tür als die Person, die Sie sind, öffnen. Auf jeden Fall öffnen Sie die Tür, Sie sind zu Hause. Ich werde jemanden spielen, ich lasse mir eine Rolle einfallen. Wir machen gemeinsam eine kurze Improvisation, die dann zu Ende ist, wenn die Tür geschlossen wird. Entweder bin ich dann hinter der Tür oder ich bin vor der Tür." Der Trainer geht zu einer Person und klingelt. Die Tür wird geöffnet, der Trainer sagt: „Guten Tag, ich bin Bauer Janssen. Hier sind die 300 Eier, die Sie bestellt haben." (oder ein anderer Text). Es folgt eine Improvisation bis die Tür wieder geschlossen wird.
- Der Trainer kehrt zurück auf seinen Platz im Kreis und lädt seinen Gegenspieler ein, jetzt in einer selbst ausgedachten Rolle bei einer anderen Person im Kreis anzuklingeln. Das geht solange weiter, bis der letzte Teilnehmer beim Trainer geklingelt hat.
- Während des Spiels erklärt der Trainer einige Grundregeln für das Improvisationstheater:
  - Was gesprochen wird, ist wahr. Wenn ich also mit 300 Eiern auf dem Arm vor Ihnen stehe, können Sie nicht sagen, dass ich einen Hund dabeihabe. Außer, wenn Sie das sehr überzeugend bringen können.
  - Versuchen Sie nicht, die Dinge zu verschieben oder abzubrechen, sondern machen Sie spontan weiter. *Also nicht*: „Habe ich das bestellt? Da muss ich kurz nachdenken ... Oh ja, aber ich brauche es nicht mehr. Auf Wiedersehen, der Herr." *Sondern*: Vielen Dank. Die Eier sind doch schon weichgekocht und noch warm?"
  - Sprechen Sie nichts an, was sowieso sichtbar ist. Wenn ich also anklingle, muss ich nicht sagen: „So und jetzt mal klingeln ..."
  - Das nonverbale Spiel ist genauso wichtig und oft sogar spannender als das verbale Spiel. Deshalb: Warum nehmen Sie nicht einfach, ohne etwas zu sagen, ein Ei aus der Verpackung. Schauen Sie zum Beispiel den Lieferanten durchdringend an, riechen Sie an dem Ei, öffnen Sie es mit einem Klopfen auf dem Kopf des Bauern und essen Sie es roh auf.

- Reden Sie im Anschluss über lustige und spannende Momente und erklären Sie, was dabei so faszinierend war. Machen Sie jedem Teilnehmer Komplimente für sein Spiel.

Weitere Einsatzmöglichkeiten
Spontanität und kreatives Denken und Handeln
Interaktion

Quelle
Überliefert

Übung 2: Die Parkbank

Ziel der Übung
Auf spielerische Weise Erfahrung mit dem „So tun als ob"-Spiel sammeln.

Das wird benötigt
Eine Sitzbank oder drei nebeneinander aufgestellte Stühle auf einer Bühne. Karten, auf denen Rollen und Aufträge geschrieben sind und zwar mit jeweils einem Adjektiv und einem Substantiv, zum Beispiel: übermüdeter Senior, neugierige Achtjährige, verführerischer Jüngling, bettelnder Obdachloser, arroganter Minister, usw.

Dauer der Übung
30 Minuten

Beschreibung
- Die Gruppe sitzt in Reihen wie ein Publikum vor einer Bühne. Auf der Bühne steht „eine Bank". Der Trainer setzt sich auf die Bank und erklärt, dass es sich um eine Parkbank handelt. Es ist ein sonniger Tag, Mittagszeit. Bei der Parkbank finden einige kurze Begegnungen statt. Es muss nichts Außergewöhnliches passieren.
- Der Trainer verlässt die Parkbank und lädt eine Person ein, eine Karte, auf der ein Rollenauftrag steht, zu ziehen und sich auf die Bank zu setzen. Er erklärt, dass es nicht darum geht, dass das Publikum errät, um welche Rolle es sich handelt. Der Teilnehmer muss das in seiner Rolle auch nicht erklären. Das Spiel kann ganz natürlich sein. Wie im wirklichen Leben ist es manchmal auch still. Vielleicht wird sogar gar nicht gesprochen. Dann zieht ein weiterer Spieler eine Karte und betritt die Bühne. Daraus entsteht von selbst eine Szene. Es wird weitergespielt, bis sich eine dritte Person, die eine Karte gezogen hat, auf die Bank setzt. Nummer eins verlässt nun die Parkbank (auf eine nachvollziehbare Art und Weise) und setzt sich wieder ins Publikum.
- Das Spiel beginnt. Nummer zwei nimmt eine Karte, liest den Text, legt die Karte zurück und betritt die Bühne. Das ist der Anfang des Karussells, das sich genau einmal gedreht hat, wenn die Nummer eins in derselben Rolle, mit der alles begann, zurückgekehrt ist, um mit dem letzten Teilnehmer zu spielen.
- Bei zurückhaltenden Gruppen kann es sinnvoll sein, etwas mehr Struktur in die Übung zu bringen. So kann eventuell von links nach rechts mit „Einspringen" gearbeitet werden. Der Trainer bestimmt, wann der nächste Teilnehmer auf die Bühne kommt. Das Spiel sollte nicht zu lange dauern, wenn aber noch eine Entwicklung erkennbar ist (es wird lustiger, spannender) lassen Sie dann noch etwas weiterspielen.

- Sprechen Sie im Anschluss miteinander darüber, wie die Teilnehmer es empfunden haben, dieses Spiel zu spielen und sprechen Sie auch darüber, ob die Art und Weise, wie jemand gespielt hat, etwas über ihn oder sie aussagt. Drängen Sie niemandem Einsichten auf, fragen Sie nur.

Weitere Einsatzmöglichkeiten

Effektive Kommunikation und nonverbaler Ausdruck
Interaktion

Quelle

Überlieferung

Übung 3: Keine zwei sind gleich

Ziel der Übung

Verdeutlichen, dass das, was ein Teilnehmer spielt, etwas über ihn als Person aussagt.

Dauer der Übung

5 bis 30 Minuten

Beschreibung

- Diese Übung benötigt nicht viel Zeit. Sie dient als Beispiel für die dritte Etappe der Teilnehmer, nämlich das Erkennen (siehe Punkt c im Abschnitt „Die fünf Lern-Etappen der Teilnehmer" auf S. 20). Alle Teilnehmer können hier erleben und selbst die Erfahrung machen, wie dieselbe Rolle in der gleichen Situation völlig unterschiedlich wirkt, wenn sie von unterschiedlichen Personen verkörpert wird.
- Die Teilnehmer stehen im Kreis. Der Trainer bittet zwei Personen, die nebeneinander stehen, um eine kurze, strukturierte Improvisation: Ein Sicherheitsbeamter ertappt einen „Hartz-IV-Empfänger" beim Ladendiebstahl. Die Szene wird nach einer bis zwei Minuten gestoppt. Dann werden zwei andere Personen gebeten, dieselbe Situation zu improvisieren. Wahrscheinlich entfaltet sich nun ein völlig anderes Spiel. Auf jeden Fall wird sich das Spiel, bezüglich des Rollenverständnisses zumindest leicht voneinander unterscheiden. Der Trainer fragt in die Runde, woran das liegt. Oft sagen die Darsteller/Spieler selbst: „Ich wollte es einfach anders machen." Es wird immer auch Zuschauer geben, die sagen, dass die Art und Weise, wie jemand seine Rolle gestaltet, etwas über ihn als Person aussagt.
- Nach dem Spielen geht es um die zweite goldene Regel für den Gruppenleiter: Erklären (siehe Regel b im Abschnitt „Fünf goldene Regeln für Gruppenleiter auf S. 22). Der Trainer erklärt das Ziel der Übung, woraufhin ein kurzes Gespräch über den Sinn von Spielaufträgen folgt.
- Die übrigen Teilnehmer können mit anderen Improvisationsaufträgen dieselben Erfahrungen machen.

Variante 1

Zwei Teilnehmer beginnen die Szene, zwei andere beenden sie. Anschließend wird über das unterschiedliche Rollenverständnis gesprochen.

Variante 2

Die Improvisation findet nicht im Kreis, sondern frontal vor der Gruppe statt. Das ist spannender und zeigt die Unterschiede noch deutlicher, da ernsthafter gespielt wird.

Weitere Einsatzmöglichkeiten
Interaktion

Quelle
Überlieferung

Übung 4: Autor, Regisseur und Schauspieler

Ziel der Übung
Den Teilnehmern die Kontrolle über ihr Spiel geben.

Das wird benötigt
Eine leere Bühne
Stift und Papier

Dauer der Übung
10 Minuten und weitere 10 Minuten für jedes durchgeführte Spiel.

Beschreibung
- Der Trainer erklärt: „Bitte überlegen Sie sich alle eine kurze Szene von höchstens einer Minute, die Sie selbst mit maximal einem Gegenspieler spielen. Gehen Sie folgendermaßen vor: Denken Sie sich einen Ort/Situation aus (der erste Gedanke ist in der Regel sehr brauchbar). Denken Sie sich zwei Rollen für diesen Ort aus und legen Sie fest, wo auf der Bühne sich die Darsteller befinden sollen. Denken Sie sich weiter aus, wer Sie selbst sind und überlegen Sie sich, wer mit dem Sprechen beginnt und geben Sie dieser Person einen Satz vor. Denken Sie sich weiter aus, worum es in der Szene gehen soll und was gesprochen werden soll. Der Text umfasst höchstens sechs Sätze (dreimal zwei). Weniger ist auch erlaubt. Nonverbales Spiel ist oft deutlich spannender. Es geht nicht darum, ob es viel oder wenig, gut oder schlecht ist. Es geht um die Übung. Die Szene darf Teil eines größeren Ganzen sein. Es kann also ein Moment innerhalb einer Geschichte sein. Sie haben fünf Minuten Zeit.
- Die Teilnehmer bekommen Gelegenheit, ihre eigene Szene zu spielen. Sie erklären, worum es geht und testen die Szene mit anderen Teilnehmern als Gegenspieler aus. Der Trainer hat vorab erklärt, dass sie das Spiel jederzeit beenden dürfen. Damit lernen die Teilnehmer, ihre Grenzen aufzuzeigen. Der Trainer klärt die Frage, ob der Teilnehmer wirklich beenden möchte, oder ob er die Sache anders machen möchte. Wenn er beenden möchte, bekommt er dafür Unterstützung und jemand anders übernimmt.
- Wenn der Teilnehmer weitermachen möchte, kann er zunächst eine kurze Pause einlegen. Ein anderer Teilnehmer springt vorübergehend für ihn ein, damit er beobachten kann und sich überlegen kann, wie er seine Rolle inhaltlich gestalten möchte. Dann übernimmt er wieder.
- Anschließend findet eine Nachbesprechung darüber statt, wie es ist, eine Sache zu gestalten. Welche Rolle hat der jeweiligen Person am besten gefallen, die Rolle des Autors (Ausdenken), des Spielers (Ausführen) oder des Regisseurs (Anweisen)?

- Auch hier ist es wichtig, dass der Trainer eine angenehme Atmosphäre kreiert, die Experimente zulassen kann. Es soll Spaß machen, mit einer ernsten Note.

Weitere Einsatzmöglichkeiten
Teambuilding

Quelle
Überlieferung

Übung 5: Das schönste Foto zum Leben erwecken

Ziel der Übung
Das Bewusstsein entwickeln, dass man als Gruppe in kurzer Zeit etwas Schönes schaffen kann und Theater spielen kann.

Das wird benötigt
Eine leere Bühne
Alles, was vorhanden ist

Dauer der Übung
30 Minuten

Beschreibung
- Der Trainer bittet die Gruppe, die leere Bühne zu gestalten und ein Bühnenbild zu entwerfen. Alles, was im und außerhalb des Raums vorhanden ist, darf verwendet werden: Jacken, Tische, Stifte, Künstliches Licht (Overheadprojektor), Gras und Steine von draußen, Zeichnungen auf Papier (Flipchart) usw. Der Raum darf auch verdunkelt werden. Regen Sie die Teilnehmer an, auf die Farbkomposition und die Einteilung der Fläche sowie auf die Intensität der Nutzung des Raums zu achten. Der Trainer macht keine inhaltlichen Angaben. Am Ende werden (maximal drei) Teilnehmer mit oder ohne Jacke/Tasche/Requisiten/usw. in das Bühnenbild integriert. Diese „Mise-en-Scène" (das Zuweisen der Plätze im Bühnenbild unter Berücksichtigung der Positionen zueinander), die Haltung und Mimik sind äußerst wichtig. Das Ganze muss kein explizites Ereignis darstellen. Gehen Sie hier so sorgfältig vor wie bei der Zusammenstellung des Bühnenbildes.
- Im Anschluss fragt der Trainer die Teilnehmer, worum es sich bei der Szenerie handeln könnte. Vorschläge werden gemacht, Fantasien formuliert. Schließlich wird eine davon ausgewählt. Was könnte von dieser Anfangsposition aus nun passieren? Lassen Sie die Teilnehmer ihre Fantasien über die Bewegungen im Spielraum mitteilen. Auf der Bühne wird noch nicht gesprochen. Nur wenn ein Text etwas Wichtiges hinzufügt oder wenn ein Text unverzichtbar ist, darf kurz gesprochen werden. Ein Wort oder ein kurzer Satz und ein Wort als Reaktion sind oft ausreichend. Der Trainer darf ergänzende Vorschläge machen, damit die Idee der Teilnehmer eventuell noch mehr Wirkung entfalten kann.
- Es folgt eine kurze Improvisation auf der Grundlage der bisherigen Überlegungen.
- Eine kurze Nachbesprechung reicht: Was ist bei der Übung aufgefallen? Wie war die Zusammenarbeit? Was hat es gebracht?
- Wenn der Trainer daran glaubt und dafür sorgt, dass sorgfältig gearbeitet wird, ist diese Übung fast immer ein Erfolg. Die Teilnehmer wundern sich, was sie

miteinander zustande bringen können. Wenn der Trainer sich aber deutlich zurücknimmt und sich auf fehlgeleitete Kommunikation oder potenzielle Konflikte ausrichtet, ist der Effekt der Übung, dass es am Ende kein schönes Foto gibt und dass sich die Atmosphäre für ein Training Konfliktbewältigung eignet.

Weitere Einsatzmöglichkeiten
Spontanität und kreatives Denken und Handeln
Abschlussübung
Warm-ups für große Gruppen

Entwickelt von
Marcel Karreman

Teil 2:

Verschiedene Kategorien von Warm-ups

1 Sich kennenlernen

Es gibt drei Situationen, in denen Vorstellungsrunden oder -spiele wirklich ihren Zweck erfüllen: (1) Wenn man mit einer neuen Gruppe arbeitet, (2) wenn ein neuer Teilnehmer in die bestehende Gruppe kommt und (3) wenn ein (neuer) Trainer auf eine bestehende Gruppe trifft. Der gemeinsame Nenner dieser Situationen ist das gestörte Gleichgewicht, beziehungsweise der Umstand, dass noch gar kein Gleichgewicht hergestellt werden konnte. Das bedeutet, in der Gruppe herrscht eine gewisse Unsicherheit. Auf Unsicherheit reagieren Gruppen unterschiedlich. Es kann eine „Kampf- oder Fluchtreaktion" im Raum stehen. Eine Gruppe kann sich dem Neuankömmling gegenüber feindselig positionieren, sich ständig verteidigen und zurückziehen, sobald der Versuch unternommen wird, die Individuen der Gruppe zu vereinen. Die Unsicherheit zeigt sich möglicherweise nicht unmittelbar, unter Umständen erst während der Evaluation. Hier kommt es auf den Trainer an, der das Tempo und die Bereitschaft der Gruppe im Blick haben sollte, aber auch jeden einzelnen Teilnehmer. In fast allen Fällen gilt, dass die Übungen niedrigschwellig sein müssen. Jeder soll mitmachen können.

Bei den Vorstellungsrunden oder Kennenlernspielen gilt es, verschiedene Aspekte zu unterscheiden. Am meisten auf der Hand liegend ist der funktionale oder rationale Aspekt. Die Teilnehmer lernen durch die Vorstellungsrunde die Namen und sonstigen Besonderheiten der anwesenden Personen und ihrer Lebensläufe kennen. Suchen Sie explizit die Aspekte heraus, die für das Training direkt oder indirekt funktional sind. Wenn Sie ein Selbstbehauptungs-Training veranstalten, bürden Sie anderen dann nicht sofort Details aus den Lebensläufen der Teilnehmer auf. Die Teilnehmer sind vermutlich mehr daran interessiert, zu erfahren, ob die anderen Gruppenmitglieder vor diesem Training auch so angespannt sind wie sie selbst. Bei einem Training zum Thema Karrieremanagement kann die Information über Stationen im Lebenslauf dagegen durchaus sinnvoll sein.

Der zweite Aspekt von Vorstellungsrunden und -spielen ist die Herstellung von Sicherheit. Das bedeutet, die Vorstellungsrunden sollen niedrigschwellige Übungen sein, an denen jeder Anwesende teilnehmen kann. Der Trainer lädt die Teilnehmer dazu ein, eine Haltung anzunehmen, die in punkto Offenheit und Verletzlichkeit für sie akzeptabel ist. Es kommt zu ersten, für die Teilnehmer annehmbaren Enthüllungen. Dabei bestimmen die Teilnehmer selbst, wo die Grenzen sind. Jeder entscheidet für sich, worüber er sprechen will und worüber er nicht sprechen will. Über das Gefühl von Sicherheit in der Gruppe siehe auch Kapitel 3 zum Thema „Vertrauen und Zusammenhalt“.

Zu guter Letzt: Bei Kennenlernspielen wird auch die Ausgangsposition der Gruppe bzw. der Gruppenmitglieder festgelegt. Woher kommen die Mitglieder (auch im buchstäblichen Sinn), wie ist ihre physische Verfassung, wie sieht es mit ihrer Motivation aus? Wie offen sind sie einander gegenüber, gibt es (ein Zuviel an) Humor, Spannung, muss der Trainer auf die Probe gestellt werden? Müssen diese Themen – aufgrund des Verlaufs der Vorstellungsrunde – besprochen werden oder genügen dem Trainer seine Beobachtungen und kann er sein Wissen indirekt nutzen? Die Teilnehmer sind sich am Ende des Spiels darüber im Klaren, wie sie zueinander und zum Training stehen. Die Art und Weise, wie die Interaktion jetzt abläuft, ist der Startpunkt und setzt den Ton für alles Weitere. Es wird klar, dass ein aktiver Beitrag von den Teilnehmern erwartet wird und dass Gespräche (meistens) auch untereinander stattfinden und nicht nur den Weg über den Trainer nehmen.

In jeder der im Folgenden beschriebenen Übungen ist ein (oder sind mehrere) Aspekt(e) hervorgehoben. Erkennen Sie die jeweils für Sie und Ihre Gruppe wichtigen Themen?

Übung 6: Namensspiel 1 – aktiv und spielerisch

Ziel der Übung
Namen kennenlernen
Aktive Haltung der Teilnehmer

Das wird benötigt
Für jeden Teilnehmer ein Stuhl. Diese werden im Kreis aufgestellt.

Dauer der Übung
15 Minuten

Beschreibung
- Es gibt zunächst eine oder zwei Runden, bei denen jeder Teilnehmer ganz ruhig seinen Namen sagt.
- Ein Teilnehmer wird nun gebeten, in die Mitte des Kreises zu kommen. Es ist also ein Stuhl frei geworden. Die Person, die links des frei gewordenen Stuhles sitzt, nennt den Namen eines Teilnehmers aus der Runde. Dieser setzt sich daraufhin auf den leeren Stuhl. Die Person, die auf der linken Seite des Stuhles sitzt, der dadurch frei geworden ist, nennt einen neuen Namen. Die genannte Person geht zum Stuhl und setzt sich.
- Das Spiel geht auf diese Weise weiter, mit einer kleinen Variation: Der stehende Teilnehmer versucht, sich auf den leeren Stuhl zu setzen, bevor die Person, deren Namen genannt wird, sich setzen kann. Wenn er schnell genug ist, stellt sich die Person, die zu spät kam, in die Mitte des Kreises. Setzt er sich bereits, bevor ein neuer Name aufgerufen wurde, dann ist derjenige, der den Namen hätte aufrufen müssen, an der Reihe, sich in die Mitte zu stellen.

Weitere Einsatzmöglichkeiten
Körperaktivierende Übung

Quelle
Überlieferung

Übung 7: Namensspiel 2 – ein ruhiger Beginn

Ziel der Übung

Namen kennenlernen

Niedrigschwellige Art und Weise die Teilnehmer daran zu gewöhnen, etwas von sich preiszugeben und sich verwundbar zu zeigen

Dauer der Übung

15 Minuten

Beschreibung

- Die Teilnehmer sitzen im Kreis und erzählen einander – in willkürlicher Reihenfolge – etwas über ihren Vor- und/oder Nachnamen. Als Anknüpfungspunkte können dienen: Die Frage der Herkunft oder der Bedeutung des Namens, auf welche Weise und von wem hat jemand seinen Namen bekommen, wie stehen die Teilnehmer zu ihrem Namen, können sie nette Begebenheiten/Anekdoten bezüglich ihres Namens erzählen, gibt es bekannte Persönlichkeiten mit demselben Namen, haben die Teilnehmer einen Taufnamen und wenn ja, weshalb? Welche Erfahrungen haben sie diesbezüglich gemacht, was können sie über Kosenamen oder Schimpfnamen erzählen?
- Eventuell können die (einige der) anderen Gruppenmitglieder offene Fragen stellen.

Kontraindikation

Gruppen mit möglicherweise traumatischen Erfahrungen in der Vergangenheit.

Quelle

Überlieferung

Übung 8: Namensspiel 3 – kurz, aktiv, einfach und spielerisch

Ziel der Übung

Namen kennenlernen
Ausdrucksfähigkeit fördern
In einem geschützten Rahmen etwas von sich preisgeben

Dauer der Übung

15 Minuten

Beschreibung

- Die Teilnehmer stehen im Kreis. Eventuell findet zuerst eine Runde „Namen nennen" statt.
- Bitten Sie die Teilnehmer zu ihrem Namen ein Adjektiv zu sagen, das mit demselben Anfangsbuchstaben oder Anfangslaut (Alliteration) wie der Name beginnt und eine typische Charaktereigenschaft ausdrückt, also zum Beispiel: Sonnenhungriger Sebastian, mutige Maria. Die Suche nach dem Adjektiv kann auf eine assoziative Art und Weise geschehen. Die ersten Einfälle sind meistens recht gut geeignet. Bei einer großen Gruppe müssen Sie vorab keine Bedenkzeit geben.
- In der folgenden Runde trägt jede Person ihre Alliteration laut vor, die Gruppe spricht nach. Person zwei (rechts von Person eins) folgt und so weiter, bis alle Mitglieder an der Reihe waren.
- Noch einmal dieselbe Runde, aber nun wird der passende stimmliche, mimische und körperliche Ausdruck mit dazu genommen.
- Einige Gruppenmitglieder können den Teilnehmern, deren Alliteration allgemein nicht verstanden wurde, eventuell offene Fragen dazu stellen.

Kontraindikation

Die Übung verlangt eine offene, aktive Haltung. Wenn im Anschluss in der Gruppe also darum gehen soll, genau zuzuhören oder konzentriert zu sein, kann diese Übung eine entgegengesetzte Wirkung haben.

Weitere Einsatzmöglichkeiten

Interaktion

Quelle

Überlieferung

Übung 9: Erzähl doch mal …

Ziel der Übung

Die Teilnehmer lernen die Namen der Mitstreiter kennen.
Auf niedrigschwellige Art und Weise die Teilnehmer daran gewöhnen, etwas von sich preiszugeben und sich verwundbar zu zeigen.
Die Teilnehmer untereinander „auf Augenhöhe bringen" und von ihrer Funktion und Erfahrung lösen.

Das wird benötigt

Eventuell eine Requisite.

Dauer der Übung

3 Minuten je Teilnehmer.

Beschreibung

- Die Teilnehmer sitzen im Kreis und stellen sich der Reihe nach den jeweils anderen vor, indem sie etwas über ein Kleidungs- oder Schmuckstück, das sie tragen, erzählen, oder über den Schlüsselbund, den sie bei sich haben, oder über die Straße, in der sie aufgewachsen sind, den Lieblingsort in ihrem Haus/ihrer Wohnung, einem Gegenstand oder einem Foto, das etwas über sie aussagt (eventuell wurde im Vorfeld darum gebeten einen solchen Gegenstand von zu Hause mitzubringen), einen unerfüllten Wunsch, ein Geheimnis, das gerne öffentlich werden darf usw. Der Gruppenleiter bestimmt das Thema anhand der jeweiligen Gruppenzusammensetzung und der Zielsetzung der Veranstaltung.
- Die Teilnehmer können sich auf dieses Warm-up vorbereiten, indem sie sich Stichwörter notieren, eine Zeichnung machen (beispielsweise von einem bestimmten Gegenstand) oder einen Text auf das Papier am Flipchart schreiben.
- Eventuell können (einige) Gruppenmitglieder offene Fragen stellen.

Variante 1

Das Gesprächsthema wird zuerst einmal in Form einer Zeichnung dargestellt. Das bietet den Teilnehmern die Gelegenheit, darüber nachzudenken, was sie erzählen wollen. Das funktioniert besonders gut bei Themen wie „Plätze und Bilder aus der Vergangenheit" (Straße, Spielplatz usw.) und Metaphern, Symbole und Lieblingsorte.

Variante 2

Eine Puppe/Figur wird gezeichnet und mit Text versehen: Mein Kopf denkt ..., mein Mund sagt ..., mein Herz/Bauch fühlt ..., meine Hände/Füße machen ... Die Teilnehmer können etwas darüber sagen, wie sie „gebaut" sind oder wie ihre momentane Stimmung ist.

Variante 3

Die Teilnehmer wählen aus einer großen Menge Bildkarten, die der Trainer auf einen Tisch gelegt hat, je ein Exemplar aus und nutzen das Bild als Ausgangspunkt für dasjenige, was sie über sich selbst erzählen wollen.

Kontraindikation

Gruppen mit möglicherweise traumatischen Erlebnissen in der Vergangenheit.

Weitere Einsatzmöglichkeiten

Introspektion und persönliche Entwicklung

Quelle

Überlieferung

Übung 10: Die Landkarte

Ziel der Übung

Die Teilnehmer lernen die Namen der Mitstreiter kennen.
Auf niedrigschwellige Art und Weise die Teilnehmer daran gewöhnen, etwas von sich preiszugeben und sich verwundbar zu zeigen.
Eine spielerische Atmosphäre kreieren.
Die Teilnehmer untereinander „auf Augenhöhe bringen" und sie von ihrer Funktion und Erfahrung lösen.
Die Teilnehmer in das Hier und Jetzt bringen, ihre Ausgangsposition für den Tag benennen lassen.

Das wird benötigt

Eventuell Stecknadeln, kleine unbeschriebene Karteikarten aus Papier oder Karteikarten aus Papier mit den Namen der Teilnehmer beschriftet, Stifte
Freie Fläche von mindestens 25 qm
Stühle

Dauer der Übung

15 bis 30 Minuten

Beschreibung

- Die freie Fläche soll die Landkarte Deutschlands darstellen. Zeigen Sie global an, wo die einzelnen Bundesländer und die großen Städte liegen. Bitten Sie die Teilnehmer, sich jeweils dort zu positionieren, wo sie geboren wurden. Die Teilnehmer können sich untereinander absprechen, damit die Topografie stimmt. Wenn sie die Plätze eingenommen haben, können sie mit ihren Nachbarn sprechen und Erinnerungen austauschen.
- Bitten Sie die Teilnehmer die Augen zu schließen und in Gedanken zu einer schönen Erinnerung an den entsprechenden Ort zu gehen: das Spielzimmer, die Straße etc. Wenn es Teilnehmer gibt, die schon in jungen Jahren umgezogen sind, können Sie sie gedanklich noch einmal den Umzug vollziehen lassen. Anhand einer Frage, die der Trainer stellt, erzählen die Teilnehmer von schönen Erinnerungen.
- Die Teilnehmer begeben sich an den Ort, von dem aus sie heute Morgen angereist sind. Sie nehmen eine Haltung ein, die anzeigt, wie sie heute in den Tag gestartet sind und wie sie sich in Bezug auf das Training an diesem Tag fühlen. Der Trainer drückt auf einen imaginären Knopf auf der Schulter einer Person, die eine besondere Haltung eingenommen hat. Sie sagt nun ein paar Worte, die zu ihrer Haltung passen. Dann geht diese Person zu einer anderen, drückt auf den imaginären Knopf auf der Schulter und kehrt zu ihrem ursprünglichen Platz und ihrer ursprünglichen Haltung zurück. Das Spiel geht so weiter, bis jeder an der Reihe war.

- Von ihrem gewählten Platz auf der Landkarte aus gehen die Teilnehmer zu dem Ort, an dem das Training stattfindet und sie schütteln Hände. Es werden zwei Hände benutzt und die eine Hand darf erst wieder losgelassen werden, wenn die zweite Hand eine neue Hand ergriffen hat.

Variante 1
Es steht immer ein Teilnehmer im Mittelpunkt. Er bewegt sich durch die Zeit, von Ort zu Ort, von Episode zu Episode, von einer Anekdote zur nächsten. (Diese Variation eignet sich besonders gut für ein länger dauerndes Training, in dem Introspektion und Selbstoffenbarung wichtige Faktoren sind.)

Variante 2
Ähnlich wie Variante 1, aber jetzt für die gesamte Gruppe. Der Trainer gibt Zeitabschnitte vor (z.B. 1970 bis 1975), die Teilnehmer betreten die Fläche, wenn ihr Geburtsjahr in den vorgegebenen Zeitraum fällt und sie bewegen sich bei Umzügen in die entsprechende Richtung. Sie wählen eine Haltung, die zu diesem Zeitabschnitt für sie passt oder die zu einem wichtigen Aspekt dieser Zeit passt. Manchmal aktiviert der Trainer einen imaginären Knopf auf der Schulter eines Teilnehmers. Im Anschluss dürfen Details ergänzt werden und es können Fragen gestellt werden. Bei den Ergänzungen und den Fragen wird dann jeweils wieder der Ort aufgesucht und die Haltung eingenommen, die zu dieser Zeit gehören.

Variante 3
Verschiedene Variationen der vorher beschriebenen Übung auf der Grundlage von Fragen, die zum Thema der Veranstaltung passen.

Kontraindikation
Gruppe mit möglicherweise traumatischen Erfahrungen in der Vergangenheit.

Weitere Einsatzmöglichkeiten
Vertrauen und Zusammenhalt

Quelle
Überlieferung

Übung 11: Ich bin eine Puppe

Ziel der Übung

Charakteristische Merkmale einer Person mit anderen teilen.
Auf niedrigschwellige Art und Weise die Teilnehmer daran gewöhnen, etwas von sich preiszugeben und sich verwundbar zu zeigen.
Die Introspektion starten.
Eine spielerische Atmosphäre kreieren.
Die Teilnehmer untereinander „auf Augenhöhe bringen" und sie von ihrer Funktion und Erfahrung lösen.

Das wird benötigt

Flipchart-Blätter, Klebeband
Farbstifte, (Filz-)Stifte in verschiedenen Farben

Dauer der Übung

15 Minuten plus 5 bis 10 Minuten je Teilnehmer.

Beschreibung

- Die Teilnehmer suchen sich – ausgestattet mit einem großen Blatt Papier (Flipchart) – einen Platz für sich. In 15 Minuten zeichnen sie eine Puppe (Figur), die sie selbst darstellt. Der Kopf steht für das Denken, der Mund für das Sprechen, das Herz oder der Bauch stehen für das Fühlen und die Hände und Beine für das Handeln und allgemein für Aktion.
- Der Trainer macht einige Vorschläge, die zu einem kreativen Ergebnis führen sollen:
  - „Vermeiden Sie Texte, lassen Sie die Zeichnungen sprechen. Sie dürfen später alles erklären.
  - Die Maße der Puppe bzw. die Einzelteile, die einzelnen Abschnitte der Puppe müssen nicht realistisch sein; orientieren Sie sich an der Symbolik.
  - Farben können einzelne Aspekte hervorheben."
  - Wenn die Teilnehmer nicht weiterkommen: Fordern Sie sie auf, Ausrufe zu den diversen Einzelteilen der Puppe aufzuschreiben.

Weitere Einsatzmöglichkeiten

Introspektion und Zusammenhalt

Quelle

Überlieferung

Übung 12: Ich wie du

Ziel der Übung

Die Teilnehmer lernen den biografischen Hintergrund der anderen Teilnehmer kennen.
Die Teilnehmer erfahren, welche Lernziele die anderen haben.

Dauer der Übung

15 bis 30 Minuten

Beschreibung

- Die Teilnehmer stellen sich im Kreis auf. Der Trainer legt ihnen eine Frage vor und jeder, der die Frage mit „Ja“ beantwortet, tritt in die Mitte des Kreises. Es kann ein kurzer Informationsaustausch stattfinden und die übrigen Teilnehmer können Fragen stellen. Dann erfolgt die nächste Frage an alle durch den Trainer und der Vorgang wiederholt sich. Einige Vorschläge für solche Fragen: Wer nimmt zum ersten Mal an einem Training teil? Wer hatte heute Morgen Lust auf den Tag und das Training? Wer hatte keine Lust?
- Wichtig ist, dass Sie, wenn Sie beispielsweise fragen, wer unter 30 ist, danach auch fragen, wer über 30 ist. Es mag naheliegend erscheinen, aber so entsprechen Sie dem Bedürfnis aller, gehört und gesehen zu werden und nicht ausgeschlossen zu sein.

Variante 1

Die Teilnehmer präsentieren einander die Fragen.

Variante 2

Die Teilnehmer stellen sich im Kreis auf und sprechen der Reihe nach und jeweils in der Mitte des Kreises über ihre Lernziele. Wenn andere das Lernziel der Person teilen, treten sie ebenfalls in die Mitte des Kreises.

Quelle

Überlieferung

Übung 13: Zeige mir dein Gesicht und ich sage dir, wer du bist

Ziel der Übung

Die Teilnehmer lernen den biografischen Hintergrund der anderen Teilnehmer kennen.
Zwischen Beobachtung und Interpretation unterscheiden.

Dauer der Übung

15 bis 30 Minuten

Beschreibung

- Die Teilnehmer sitzen im Kreis. Der Trainer macht den Anfang, er wählt aus der Gruppe eine Person aus, die er nicht kennt. Auf der Basis dessen, was er wahrnimmt, macht er sich ein Bild von dieser Person. Er redet nun zwei Minuten lang darüber, was er sich zu der Person vorstellt und zwar in Bezug auf folgende Aspekte: Familienstand, Alter, Ausbildung, berufliche Position, Hobbys, welche Art von Zuhause, Wohnungseinrichtung, Werte und Normen, politische Ausrichtung, bevorzugte Urlaubsorte, Musikvorlieben, bevorzugte Automarke usw.
- Der zuvor ausgewählte Teilnehmer bekommt eine Minute Zeit, um bestimmte Aussagen zu bestätigen und andere zu korrigieren. Es wird nicht über die Hintergründe diskutiert oder über die Frage, warum dieses oder jenes gesagt wurde und etwas anderes nicht.
- Dann wählt dieser Teilnehmer ein neues „Opfer“ aus, zu dem er seiner Fantasie freien Lauf lassen kann. Das Spiel geht solange weiter, bis der letzte Teilnehmer sich über den Trainer Gedanken gemacht hat.

Variante 1

Der Trainer stellt sich als erstes „Opfer“ zur Verfügung. Die Teilnehmer stellen in Zweiergruppen Fantasien über ihn an. Nach drei Minuten bittet er die Zweiergruppen zu berichten, was sie sich zu den verschiedenen Bereichen (Familienstand, Alter, Hobbys, Werte etc.) in Bezug auf den Trainer überlegt haben. Diese Übung ist auch unter der Überschrift „Wer ist der Trainer“ bekannt. Es ist sehr wirkungsvoll, zu demonstrieren, dass es der Person keineswegs schaden muss, wenn sie sich verwundbar und offen in der Gruppe präsentiert.

Variante 2

Die Übung kann als Einstieg für Aufgaben und Themen im Bereich „Beobachten und Interpretieren“ sowie „Feedback geben“ genutzt werden.

Weitere Einsatzmöglichkeiten
Interaktion

Quelle
Überlieferung

2 Fokussieren (konzentrieren und wahrnehmen)

Telefongespräche, Zeitplanung, das schöne Wetter, die Kollegen, Smalltalk, E-Mails, die Zeitung, das Zuhause, Tagträumereien, Kaffee, Schlaf. Es gibt vieles, was uns bei der Arbeit oder während einer Veranstaltung ablenken kann. Durch die zunehmenden Kommunikationsmöglichkeiten und den ansteigenden Arbeitsdruck sind immer mehr Dinge zu erledigen und mehr Dinge gleichzeitig zu erledigen. In dem Maß wie die Anforderungen an uns wachsen, wächst unser Bedürfnis, uns dem Druck zu entziehen. Das Bild des Uhrmachers oder des Schneiders bei der Arbeit, ruhig und hochkonzentriert, ist ein romantisches Bild aus einer fernen Vergangenheit. Zu Beginn eines Trainings oder einer anderen Veranstaltung ist manchmal Überredungskunst gefragt, um sicher zu stellen, dass alle Teilnehmer ihre Smartphones ausschalten. Ständig erreichbar zu sein für alles (noch Wichtigere) und jeden ist ein Muss geworden.

Es ist strahlend schönes Wetter. Nach dem Mittagessen haben die Teilnehmer an einem Inhouse-Training im Freien noch eine Tasse Kaffee getrunken. Ganz entspannt wurde in der Gruppe über das Thema des Trainings, „schriftliche Berichterstattung“, geplaudert und es wurde darüber gesprochen, wie sinnvoll es doch wäre, wenn auch die Chefs einmal an einem solchen Training teilnehmen würden. Nach der Mittagspause will der Trainer ein Stück komplexe Theorie durchnehmen. Wie bekommt er nun die Teilnehmer gedanklich wieder auf einen Punkt fokussiert?

Ich spreche lieber von „fokussieren“ als von „konzentrieren“, weil der Begriff Fokussieren noch mehr auch den Aspekt des „Wahrnehmens“ als Bestandteil der Konzentration beinhaltet. Der Blick richtet sich auch auf die Umgebung und nicht nur nach innen. Ich möchte Ihnen dazu ein Beispiel geben: Nachdem man ein paar Mal nicht näher darauf eingegangen ist, findet man es als Trainer doch wichtig, dass der Teilnehmer mit der Verwirrung, die er als Vorsitzender während des Trainings „Verhandlungstechniken“ verursacht hat, konfrontiert wird. Es ist demnach wichtig, dass er „dabei“ ist. Sie lassen ihn in einem Rollenspiel zuerst selbst die Rolle des Vorsitzenden spielen, und geben ihm dann Gelegenheit, mithilfe der Spiegeltechnik sein Verhalten von außen zu betrachten. Sie bitten ihn, sich in das Rollenspiel hineinzuversetzen und anschließend aufmerksam wahrzunehmen.

Später werden Sie ihn fragen, ob er das unruhestiftende Verhalten bei sich selbst wahrnimmt und ob er eine Vorstellung davon hat, was das über ihn aussagt. Es geht also um Introspektion. Sich einfühlen, betrachten, reflektieren. Ein großer Spannungsbogen, Sie verlangen viel von dem Teilnehmer. Eine gezielte Warm-up-Übung kann ihm dabei helfen, sich diesem Prozess zu stellen.

Es gibt zwei gute Gründe, ein Warm-up einzubauen, wenn Sie Fokussierung anstreben. Der erste Grund liegt im Bereich dessen, was ich als Beispiel genannt habe. Sie wollen die volle Aufmerksamkeit für eine Sache, die Sie im Training behandeln wollen. Nach der Pause wollen Sie zu diesem Trainingsinhalt zurückkehren. Nach einem Rollenspiel, bei dem viel gelacht wurde, zurückfinden zur Reflexion des Themas. Ruhe einkehren lassen. Das Warm-up hat hier die Funktion einer prozessorientierten Intervention.

Der zweite Grund, mit einem Warm-up die Fokussierung einzuleiten, ist gegeben, wenn die Konzentration selbst das Thema ist. Es gibt viele Arten von Trainings, bei denen das der Fall ist, zum Beispiel bei einem Training zum Zeitmanagement (Zeit gewinnen, indem man immer nur mit einer Sache gleichzeitig beschäftigt ist), bei einem Training zum Thema persönliche Effektivität (sich mit den eigenen Aufgaben beschäftigen und nicht mit denen anderer, auch wenn man beispielsweise in einem Großraumbüro sitzt), bei einem Training zum Projektmanagement (einen komplizierten Sachverhalt mit einem Team klären) und so weiter. Bevor Sie mit dem Thema Konzentration beginnen, können Sie eine Übung machen lassen. Das Warm-up wird dann als inhaltsorientierte Intervention verwendet.

Übung 14: Spot an, Spot aus

Ziel der Übung
Sich unter Zeitdruck auf ein Thema fokussieren können.

Dauer der Übung
10 Minuten je Teilnehmer, die Teilnehmer können in Zweier- oder Dreiergruppen arbeiten.

Beschreibung
- Ein Teilnehmer steht auf und erzählt zwei Geschichten gleichzeitig. In Geschichte eins berichtet er genau und detailliert, wie er den Morgen verbracht hat, angefangen vom Moment des Aufstehens bis zum Verlassen des Hauses. Geschichte zwei kann er frei wählen, es kann die Story eines Films sein oder etwas, das mit dem Training zu tun hat, wie zum Beispiel eine Firmenpräsentation. Der andere Teilnehmer sagt abwechselnd „Spot an“ und „Spot aus“. Bei „Spot an“ wechselt der Erzähler zu Geschichte zwei, bei „Spot aus“ zu Geschichte eins. Das Tempo, in dem der Wechsel stattfindet, ist anfangs niedrig und wird allmählich gesteigert. Der dritte Teilnehmer kann eventuell beobachten.
- Sehr kurze Nachbesprechung.

Quelle
Überlieferung

Übung 15: Von außen nach innen

Ziel der Übung
Gezieltes Wahrnehmen durch genaues Zuhören.

Dauer der Übung
15 Minuten

Beschreibung
- Die Teilnehmer suchen sich einen Platz im Seminarraum, an dem sie bequem sitzen oder liegen können. Einengende Kleidung kann gelockert werden, die Augen werden geschlossen oder die Teilnehmer richten den Blick auf nur eine Stelle im Raum - zum Beispiel auf den Boden - so dass sie die anderen nicht sehen. Alle werden still. Lassen Sie die Teilnehmer auf die Geräusche achten, die von außerhalb des Gebäudes hörbar sind. Lassen Sie sie auf die Geräusche achten, die sie im Gebäude und außerhalb des Seminarraums hören können. Lassen Sie sie auf die Geräusche achten, die sie im Seminarraum hören und auf Geräusche, die sie in ihrem eigenen Körper hören.
- Kurze Nachbesprechung.

Quelle
Überlieferung

Übung 16: Mein Snack

Ziel der Übung
Alle Sinne nutzen und die Konzentration stärken.

Das wird benötigt
Siehe „Beschreibung"
Für die Varianten: Gegenstände aus unterschiedlichen Materialien - Gegenstände, die sich im Seminarraum befinden oder die die Teilnehmer bei sich haben.

Dauer der Übung
15 bis 30 Minuten

Beschreibung
- Die Teilnehmer werden - bevor sie sich in die Mittags- oder Kaffeepause verabschieden oder alternativ am Ende des ersten Tages, somit also vor dem nächsten Frühstück - gebeten, etwas Essbares mitzubringen: ein Stückchen Zucker, etwas Obst, Kekse, Cracker usw.
- Die Teilnehmer nehmen ihr essbares Mitbringsel in die Hand und suchen sich ein angenehmes Plätzchen im Seminarraum, wo sie sich setzen können. Alle werden still. Der Trainer fordert die Teilnehmer auf, ihr Mitbringsel fünf Minuten lang aufmerksam und mit allen Sinnen zu erfassen: anschauen, riechen, betasten, eventuell ein Geräusch damit machen, schmecken. Schenken Sie der Sache, mit der Sie sich beschäftigen, uneingeschränkte Aufmerksamkeit.

Variante1
Statt der essbaren Mitbringsel wird der Raum mit allen Sinnen erfasst: Die Vorhänge, der Boden, Wände, Tische, Stühle, Wanddekoration usw.

Variante 2
Statt der essbaren Mitbringsel soll ein Gegenstand mit allen Sinnen wahrgenommen werden: ein Stift, eine Tasche, ein Schuh, ein Taschentuch usw.

Variante 3
Die Übung(en) in Zweiergruppen ausführen lassen. Ein Teilnehmer nimmt mit geschlossenen Augen einen Gegenstand von einem anderen Teilnehmer entgegen. Eine der wichtigsten Formen der Wahrnehmung, die visuelle Wahrnehmung, wird auf diese Weise verhindert. Die anderen Formen der Wahrnehmung werden desto stärker angesprochen.

Quelle
Überlieferung

Übung 17: Drei Änderungen

Ziel der Übung

Genau beobachten
Gruppeninteraktion stimulieren

Dauer der Übung

15 bis 30 Minuten

Beschreibung

- Die Gruppe teilt sich und bildet zwei Reihen, die sich gegenüberstehen. Jeder Teilnehmer betrachtet sein Gegenüber und achtet im Besonderen auf Kleidung, Schmuck, Frisur usw.
- Dann dreht sich jeder von seinem Beobachter weg und verändert drei Dinge an seinem Erscheinungsbild, setzt zum Beispiel die Brille niedriger auf die Nase, steckt den Ring an einen anderen Finger oder löst die Schnürsenkel.
- Dann drehen sich alle wieder zurück und jeder versucht, zu entdecken, was sein Gegenüber verändert hat.

Variante 1

Die Veränderungen werden jeweils vom Beobachter übernommen und nicht verbal ausgedrückt.

Variante 2

Die Zahl der Veränderungen wird gesteigert: 3, 4, 5 ...

Variante 3

Die zwei Gruppen sitzen sich gegenüber. Eine Reihe dreht sich weg, die andere nimmt in der gesamten Reihe Veränderungen vor. Beispiel: Janine zieht die Schuhe von Wendy an, Jasmin setzt die Brille von Nicole auf, Johannes bekommt den Ring von Paul. Die andere Gruppe versucht diese Veränderungen zu finden.

Weitere Einsatzmöglichkeiten

Interaktion

Quelle

Emunah, R. (1994)

Übung 18: Wer fängt an?

Ziel der Übung
Gezielt wahrnehmen (Teilnehmer, der im Mittelpunkt steht).
Konzentration erhöhen (Gruppe und Teilnehmer, der im Mittelpunkt steht).

Dauer der Übung
5 Minuten pro Spiel, es können mehrere Runden gespielt werden.

Beschreibung
- Ein Teilnehmer verlässt den Raum, die anderen bestimmen einen Teamleiter und bilden einen Kreis. Der Teilnehmer kommt zurück und setzt sich in die Mitte des Kreises.
- Der Teamleiter fängt an, eine Bewegung zu machen (bewegt zum Beispiel den Kopf von links nach rechts) und die Gruppe folgt. Der Teamleiter ändert ab und zu die Bewegung und die anderen folgen ihm.
- Die Person in der Mitte des Kreises versucht herausfinden, wer der Teamleiter ist.

Weitere Einsatzmöglichkeiten
Körperaktivierende Übung

Quelle
Emunah, R. (1994)

Übung 19: Schuldig!

Ziel der Übung
Gezielt nonverbale Signale wahrnehmen.
Konzentration steigern.

Dauer der Übung
15 Minuten pro Spiel, es können mehrere Runden gespielt werden.

Beschreibung
- Die Gruppe teilt sich und bildet zwei Reihen: In der einen Reihe stehen die Teilnehmer, in der anderen sitzen die Teilnehmer den stehenden gegenüber.
- Diejenigen, die stehen, sind die Verdächtigen in einer Strafsache. Alle haben vorab einen Zettel gezogen (auf einem Zettel steht das Wort „schuldig“) und sie wissen, dass der wirkliche Täter feststeht, sie wissen aber nicht, wer es ist.
- Die sitzenden Teilnehmer sind die Kriminalbeamten. Sie schauen sich die Verdächtigen genau an, so als würden sie hinter einem einseitig verspiegelten Glas sitzen und wären selbst unsichtbar. Die Verdächtigen werden gebeten, nicht zu schauspielern, sondern sich lediglich in die Situation hineinzuversetzen. Indem sie auf die nonverbalen Signale achten, versuchen die Kriminalbeamten den Täter zu identifizieren.
- Nachdem alle Kriminalbeamten sich geäußert haben, gibt der wirkliche Täter sich zu erkennen. Um die Spannung zu erhöhen, können die anderen Beschuldigten noch Scheinbewegungen machen, indem Sie sich umsetzen oder Ähnliches.

Variante
Jeder Kriminalbeamte darf eine oder mehrere Fragen stellen. Alle Verdächtigen reagieren ausweichend oder leugnend, aber die nonverbalen Signale, die nun auch über die Stimme transportiert werden, könnten den wirklichen Täter verraten.

Weitere Einsatzmöglichkeiten
Interaktion

Quelle
Emunah, R. (1994)

Übung 20: Teamwork – Zählen und ein Schritt nach vorn

Ziel der Übung

Konzentration steigern.
Die Aufmerksamkeit füreinander stärken.
Das Denken loslassen, das Gewahrsein stärken.

Dauer der Übung

20 Minuten

Beschreibung

- Zählen im Team: Die Teilnehmer stehen im Kreis. Der Trainer weist eine Person an, die mit dem Zählen beginnt. Es wird weiter im Kreis in ruhigem Tempo bis Hundert gezählt. Dann folgt dieselbe Übung, aber es wird in umgekehrter Richtung gezählt und mit geschlossenen Augen. Soweit das Warm-up. Beim dritten Mal wird wieder bis Hundert gezählt, aber ohne vorgegebene Reihenfolge. Wenn zwei Personen gleichzeitig eine Zahl sagen, wird wieder bei eins begonnen. Versuchen Sie miteinander bis Hundert zu kommen. Die Kunst besteht darin, loszulassen, statt sich forciert einzubringen oder bewusst still zu bleiben. Diese Übung erfordert ziemlich viel Konzentration. Eine fortgeschrittene Gruppe kann das Zählen im Team sicherlich 20 Minuten lang durchhalten.
- Ein Schritt nach vorn: Die Teilnehmer stehen im Kreis. Ohne sich vorher abzusprechen oder eine Choreografie einzuüben, machen immer drei Teilnehmer stillschweigend einen Schritt nach vorn und nach vier Takten wieder einen Schritt zurück in den Kreis. Dieselbe Übung kann auch mit geschlossenen Augen gemacht werden. Beim Teamschreiten spielt die Beobachtung eine wichtige Rolle. Wenn die Übung mit geöffneten Augen gemacht wird, findet hauptsächlich die visuelle Wahrnehmung statt. Wenn die Augen während der Übung geschlossen sind, kommt es vor allem auf die akustische Wahrnehmung an. Auch hier ist die Kunst des Loslassens gefragt (sich nicht anstrengen), und dass man gewahr ist und selbst spürt und merkt, was geschieht.

Weitere Einsatzmöglichkeiten

Teambuilding

Quelle

Überlieferung

Übung 21: Eins sein mit seinem Gegenüber

Ziel der Übung

Die Konzentration steigern.
Die Konzentration aufrechterhalten, auch unter Ablenkung.
Das Denken loslassen, das Gewahrsein stärken.

Dauer der Übung

20 bis 30 Minuten

Beschreibung

- Die Gruppe wird in Zweiergruppen aufgeteilt, die sich im Seminarraum verteilen und sich jeweils gegenüberstehen.
- Eine der beiden Personen fängt an, mit der Hand oder dem Arm eine Bewegung in Zeitlupe zu machen. Das Gegenüber folgt der Bewegung. Die Betonung liegt auf „gleichzeitig ausführen" und nicht auf Nachmachen. Die Bewegung soll gleichzeitig stattfinden. Wenn es gelingt, können auch andere Körperteile bewegt werden. Letztlich kann der gesamte Körper in Bewegung sein. Jede Zweiergruppe kann sich auf diese Weise auch im Raum bewegen. Es wird nicht festgelegt, wer mit der Bewegung beginnt. Es geht darum, so konzentriert an die Aufgabe heranzugehen, dass die Bewegungen tatsächlich gleichzeitig stattfinden.

Variante 1

Dieselbe Übung, mit dem Unterschied, dass nun kleine Szenen dargestellt werden: Das Ritual am Morgen vor dem Spiegel. Sich betrachten, einen Pickel ausdrücken, Zähne putzen, Gesicht waschen, Haare kämmen usw. Das aktiviert die Lachmuskeln. Die Kunst besteht darin, dennoch konzentriert zu bleiben.

Variante 2

Dieselbe Übung wie oben, aber mit zwei Zweiergruppen: ein Friseur mit einem Kunden und deren Spiegelbild. Ein Teilnehmer arbeitet also nicht nur mit einer, sondern gleich mit drei Personen zusammen.

Variante 3

Dieselbe Übung vor Publikum. Jetzt lacht und reagiert auch das Publikum. Und der Teilnehmer soll trotzdem konzentriert bleiben!

Weitere Einsatzmöglichkeiten

Führung

Quelle

Überlieferung

3 Vertrauen und Zusammenhalt

In Hal Hartleys Film „Blindes Vertrauen“ (Trust) lässt sich eine zierliche 17-Jährige, ohne sich umzublicken, rücklings von einer Mauer fallen. Ihr kräftig gebauter Freund fängt sie auf. „Siehst du, wie sehr ich dir vertraue?“ sagt sie. Dann fragt sie ihn, ob er sich auch so in ihre Arme fallen lassen möchte ...

Wie weit gehen wir mit unserem Vertrauen? Ohne Vertrauen kann es keinen offenen Austausch geben. Ohne offene Kommunikation ist gute Trainingsarbeit nicht möglich. Vertrauen und Zusammenhalt in der Gruppe sind Grundvoraussetzungen in jedem Training. Oft wird gesagt: „Zuerst kommt das Vertrauen und dann kann die Arbeit mit der Gruppe beginnen.“

Man kann sicher die Frage aufwerfen, ob tatsächlich für jedes Training Vertrauen und Zusammenhalt Grundvoraussetzungen sind und wenn ja, wie weit das Vertrauen gehen muss. Was ist realistisch? Ist für ein eineinhalbtägiges Training *Zeitmanagement* Gruppenvertrauen wirklich unverzichtbar? Vertrauen wird manchmal verwechselt mit Sicherheit.

Sicherheit kann auch durch bestimmte Faktoren im Umfeld gewährleistet werden, durch Spielregeln und gezielte Aktionen des Trainers. Sicherheit wird zu Beginn der Veranstaltung hergestellt, indem der Seminarraum entsprechend ausgestattet wird, die Veranstaltungszeiten genau bekannt gegeben werden, eine Vorstellungsrunde gemacht wird und Struktur in den beginnenden Austausch gebracht wird.

Vertrauen kommt später und ist nur dann notwendig, wenn weitreichende persönliche Enthüllungen erwünscht sind, wie zum Beispiel bei einem Training zum Thema „Persönliche Effektivität“. Über Ängste kann man reden, und will man sich gegenseitig unterstützen in verletzlichen Momenten, ist Intimität erwünscht.

In seinem Klassiker „Theorie und Praxis der Gruppenpsychotherapie“ beschreibt Irvin Yalom (1989) drei Phasen der Gruppenentwicklung:
1. Die Orientierungsphase.
2. Die Konflikt- und Dominanzphase.
3. Die Entwicklung von Gruppenkohäsion.

Es gibt also anfangs eine Phase des vorsichtigen „Beschnupperns“. Anschließend wird durch Auseinandersetzung und Konflikte ermittelt, wer der Chef ist, wer stärker ist als die anderen. Erst dann entsteht eine Beziehung der Zusammenarbeit, in der ein offener Umgang möglich ist. Vertrauen, Verbindlichkeit und offene Kommunikation können wir, wenn wir diese Entwicklungsphasen ernst nehmen, also nicht unmittelbar in der Anfangssituation einer Gruppe erwarten.

Ich kenne einige sehr von sich überzeugte und ehrgeizige Trainer und betriebliche Ausbilder, die in ihrem Bestreben, binnen kurzer Zeit ein hohes Maß an Qualität zu erreichen, dazu neigen, die erste und zweite Phase der Gruppenentwicklung nach Yalom zu überspringen. Ich kenne andere Trainer, die ihren Beruf aus einem Harmoniebedürfnis heraus gewählt haben und Gefahr laufen, die zweite Phase zu umgehen, weil sie Konflikte in der Gruppe befürchten. In beiden Fällen besteht die Gefahr des Scheinvertrauens. Es werden in einer offenen Atmosphäre diverse Themen besprochen, manchmal wird eine Träne vergossen, manchmal wird ein Teilnehmer von einem anderen in den Arm genommen und getröstet. Aber, die Themen, um die es dabei geht, sind nicht die Kernthemen der Teilnehmer. Es sind und bleiben Ausweichmanöver, die zur ersten Phase der Gruppenentwicklung gehören: Sich kennenlernen und orientieren. Mit anderen Worten: Sorgen Sie dafür, dass die Hackordnung in der Gruppe feststeht, bevor Sie mit einem Warm-up der nun folgenden Kategorie arbeiten.

Wechselseitiges Vertrauen entsteht mit der Zeit in einem sich entwickelnden Gruppenprozess. Dennoch können Sie das Vertrauen der Gruppenmitglieder zueinander stärken. Warm-ups und körperaktivierende Übungen können dabei eine wichtige Rolle spielen. In diesem Kapitel stelle ich Ihnen einige Übungen vor, die den Prozess der Vertrauensbildung beschleunigen können. Das geschieht, indem die Übungen die Aufmerksamkeit auf das Thema lenken und es sowohl zu einem persönlichen Thema als auch zum Gruppenthema machen: Was ist Vertrauen und was bedeutet es für mich in dieser Situation?

Diese Warm-ups können Sie einsetzen, wenn Sie explizit mit dem Thema Vertrauen arbeiten. Außerdem sind sie für Gruppen geeignet, die über eine längere Zeit zusammenbleiben, weil sie zum Beispiel zum Thema Teamwork arbeiten.

Übung 22: Einander blind folgen

Ziel der Übung
Vertrauen zu sich und seinem Gegenüber entwickeln.
Effektiv leiten, indem man das Vertrauen anderer gewinnt.

Dauer der Übung
30 Minuten

Beschreibung
- Die Teilnehmer bilden Zweiergruppen. Einer der beiden schließt die Augen. Der andere fasst ihn an den Händen oder an einem Arm und einer Schulter. Langsam kommen beide in Bewegung, wobei derjenige mit den offenen Augen den anderen durch den Raum führt. Der Trainer weist ausdrücklich darauf hin, dass es nicht darum geht, gefährliche Manöver auszuführen und zu erkunden, wie weit man gehen kann. Es geht vielmehr darum, Vertrauen zu demjenigen, der führt, aufzubauen. Das Spiel dauert ein paar Minuten.
- In Zweiergruppen wird das Spiel reflektiert. Wodurch haben Sie sich sicher oder nicht sicher gefühlt? Gab es besondere Momente? Wie war es, das Vertrauen der anderen Person zu spüren? Wie war es, verantwortlich für den anderen zu sein? Dann werden die Rollen getauscht und das Spiel wird wiederholt.
- Ausweitung: Nach einiger Zeit kommen zwei Paare zusammen. Die jeweils „Geführten" halten weiter die Augen geschlossen und lassen sich gemeinsam als ein unbewegtes Bild in Szene setzen. Dieses „Standbild zweier Personen" wird von den Führenden geformt. Erst wenn das Bild fertig ist, öffnen die „Geführten" die Augen. Die Angst, lächerlich gemacht zu werden, appelliert zusätzlich an die Bereitschaft zu vertrauen. Hinzu kommt, dass die Führenden zusammenwirken müssen, ohne miteinander zu sprechen. Auch das braucht Vertrauen. Beide Aspekte werden in der Nachbesprechung berücksichtigt.
- Wenn das Vertrauen in der Gruppe insgesamt gestärkt werden muss, kann – von der Hälfte der Anwesenden – ein Gruppenbild gemacht werden.
- Im Kreis stehend oder sitzend können die gemeinsamen Subthemen auf den Tisch gebracht werden.

Variante 1
Sich durch verbale Anweisungen – ohne Körperkontakt – führen lassen.

Variante 2
Sich durch einen Geruch seines Begleiters führen lassen

Kontraindikation
Eine Gruppe, die am Beginn der gemeinsamen Arbeit steht
Eine unsicher-ängstliche Gruppe

Weitere Einsatzmöglichkeiten
Führung
Teambuilding

Quelle
Überlieferung

Übung 23: Fallen, nicht fallen

Ziel der Übung
Vertrauen zu sich selbst und dem Mitspieler entwickeln.

Dauer der Übung
30 Minuten

Beschreibung
- Die Teilnehmer bilden Zweiergruppen. Teilnehmer A steht mit dem Rücken zu seinem Mitspieler B. B legt seine Hände auf die Schulter von A. B geht mit einem Bein nach vorne und mit dem anderen etwas nach hinten und nimmt damit eine stabile Position ein. A lässt sich langsam nach hinten fallen. B fängt ihn auf, geht etwas in seiner Bewegung mit und stellt A dann wieder aufrecht hin. In der Übung kann die Bewegung ausgeweitet werden. Sobald B merkt, dass A sich verkrampft, macht er die Bewegungen wieder kleiner, bis das Vertrauen wieder da ist.
- Bitte beachten: In der Übung geht es nicht um Mut. Es geht nicht darum, so weit wie möglich zu kommen. Es geht vielmehr darum, Vertrauen zueinander zu finden.

Kontraindikation
Eine Gruppe, die am Beginn der gemeinsamen Arbeit steht
Eine unsicher-ängstliche Gruppe

Weitere Einsatzmöglichkeiten
Führung

Quelle
Überlieferung

Übung 24: Entspannen und vertrauen

Ziel der Übung
Entspannen
Vertrauen zu sich selbst und dem Mitspieler entwickeln.

Das wird benötigt
Ein leerer Seminarraum

Dauer der Übung
30 Minuten

Beschreibung
- Zuerst erklärt der Trainer: „Wir werden gleich eine Übung machen, bei der es darum geht, Vertrauen zueinander zu entwickeln. Suchen Sie sich einen Partner, dem Sie schon ein wenig vertrauen. Wir fangen mit einer Entspannungsübung für jeweils eine Hälfte der Zweiergruppen an. Im Anschluss daran, wird Ihr jeweiliger Partner Körperteile von Ihnen anheben und vorsichtig wieder ablegen."
- Die Teilnehmer bilden Zweiergruppen und suchen sich einen Platz im Seminarraum. Einer der beiden legt sich hin und der andere setzt sich neben ihn. Der Trainer macht eine kurze Entspannungsübung (z. B. abwechselndes An- und Entspannen von Muskelgruppen). Dann erklärt er erneut: „Ihr Partner wird nun vorsichtig Körperteile von Ihnen anheben und wieder ablegen. Versuchen Sie, sich zu entspannen. Ihr Arm oder welcher Körperteil auch immer, darf sich schwer anfühlen. Lassen Sie es geschehen. Die Übung dauert ungefähr fünf Minuten. Sie können jetzt anfangen."
- Der Trainer weist rechtzeitig darauf hin, dass die Übung bald beendet wird: „Sie haben noch eine Minute Zeit zum Abrunden."
- In Zweiergruppen wird die Übung reflektiert. Dann werden die Rollen getauscht. Am Anfang wird wieder die Entspannungsübung gemacht.

Variante
Der Partner bewegt den Körper des anderen Teilnehmers: Er legt einen Arm über den Rumpf, er zieht das Knie hoch, legt den Kopf zur Seite, hebt den Oberkörper hoch zum Sitzen mit dem Rücken an der Wand usw. Dafür braucht es noch etwas mehr Vertrauen. Die Art und Weise, wie jemand abgelegt wird, weckt auch Fantasien. Sie müssen also darauf vertrauen können, dass keine anderen Absichten im Spiel sind.

Kontraindikation
Eine Gruppe, die am Beginn der gemeinsamen Arbeit steht
Eine unsicher-ängstliche Gruppe

Weitere Einsatzmöglichkeiten
Führung

Quelle
Überlieferung

Übung 25: Und dann?

Ziel der Übung
Sich verletzlich zeigen, den Vorstellungen des Gegenübers vertrauen.
Lernen, auf dem, was bedacht wurde, weiter aufzubauen und dabei auch Risiken einzugehen.
Nicht verschieben, sondern einfach machen und ausprobieren!

Das wird benötigt
Ein leerer Seminarraum

Dauer der Übung
30 Minuten

Beschreibung
- In diesem Warm-up begibt sich ein Teilnehmer in eine verletzliche Position, indem er alleine auf der Bühne kleine Stücke improvisiert, die sich andere Teilnehmer ausdenken und ihm zurufen.
- Der Trainer geht mit gutem Beispiel voran. Er betritt als erster die Bühne. Er fordert die Teilnehmer auf, schon improvisierend, sich ein Theaterstück, einen Einakter für eine Person, also ein Solo, auszudenken. Die Vorführung verläuft Schritt für Schritt. Eine Person denkt sich den Anfang aus. Der Trainer führt die Anweisung aus und sagt: „Und dann?“ Es folgen die nächsten Anweisungen. Das Ganze kann zum Beispiel so aussehen: Ein Mann sitzt auf seinem Stuhl. Und dann? Er steht auf und geht zum Küchenschrank. Und dann? Er schenkt sich einen Drink ein. Und dann? Er setzt sich wieder.
- Der Trainer bedankt sich bei den Teilnehmern. Er thematisiert nun, dass die Übung spannender wird, wenn außergewöhnliche Dinge geschehen. Das bisherige Geschehen war die Einführung. Eine Einführung kann unter Umständen bewirken, dass wichtige Entwicklungen, die das Spiel voranbringen bzw. zum Höhepunkt führen können, verzögert werden. Fordern Sie die Gruppe auf, unerwartete Wendungen einzubringen und dafür zu sorgen, dass der Höhepunkt der Einakter in circa drei Minuten erreicht wird. Als Nächstes wird jemand aus der Gruppe gebeten, die Rolle des Trainers zu übernehmen. Der Trainer ist somit frei, die Personen, die sich die Stücke ausdenken, zu coachen in Richtung Risiko und Vorschläge zu machen, die zum dramaturgischen Höhepunkt der Stücke führen.
- In zwanzig Minuten kann eine kurze Reihe von Einaktern gestaltet werden. Manchmal gelingt das gut, manchmal bringt es nichts. Gute Ergebnisse laden dazu ein, weiter zu experimentieren, das ist aber kein Ziel an sich.

Kontraindikation

Gruppen mit wenig Spielerfahrung oder wenig Ehrgeiz zum Spielen.

Weitere Einsatzmöglichkeiten

Spontanität und kreatives Denken und Handeln

Quelle

Hofman, H. (2001)

4 Körperaktivierende Übungen

In diesem Kapitel beschäftigen wir uns mit der Kategorie von Übungen, die meistens mit einem „Und jetzt wollen wir mal aktiv werden“ angekündigt wird. Nach dem Essen oder nach der Pause, wenn die Aufmerksamkeit erschlafft, wird gern zu einem Aktivierungsspiel aufgefordert. Die Trainer, die nun ganz gezielt diese Seite aufgeschlagen haben, bitte ich zu beachten, dass die Übungen aus dieser Kategorie nicht immer die optimale Lösung sind. Es gibt gute Alternativen, die möglicherweise besser für Ihre Situation oder die Thematik, die Sie behandeln wollen, passen. Bitte lesen Sie deshalb auch die Einführung am Anfang des Buches und/oder das Inhaltsverzeichnis.

Es gibt aber Momente, an denen eine gemeinsame körperliche Aktivierung absolut richtig ist. Wann ist das der Fall?

- Wenn es wirklich um körperliche Präsenz geht. Eine Gruppe kommt am Morgen nach der Übernachtung im Hotel in den Seminarraum. Die Hälfte ist zu spät ins Bett gegangen, die andere Hälfte hat nicht besonders gut geschlafen. Alle wollen fit und aufnahmefähig sein, aber niemand scheint so richtig wach. Gebraucht wird eine Aktivität, die – im buchstäblichen Sinn – die Augen öffnet. Eine solche Aktivität am Tagesanfang wird oft Warm-up genannt. Allerdings geht es bei einem Warm-up um das „Warm-Laufen“ für ein Thema und das muss nicht unbedingt ein körperliches Aufwärmen bedeuten. Ein Warm-up ist keine Morgengymnastik, obwohl der Tag natürlich mit einer körperlichen Aktivierung beginnen kann. Aber auch nach einem schweren Mittagessen kann eine körperliche Aktivierung sinnvoll sein.
- Als Vorbereitung auf weitere körperliche Aktivität. Bei Rollenspielen zählt auch der körperliche Einsatz, nicht nur der verbale Teil. Der nonverbalen Kommunikation kommt eine große Bedeutung zu. Zur Vorbereitung kann man, wie Schauspieler das auch machen, die Muskulatur, vor allem die Gesichtsmuskulatur, lockern. Auch die Stimme muss geölt werden.
- Wenn die Thematik, die nach dem Warm-up behandelt wird, der Gruppe noch unbekannt ist. Das trifft zum Beispiel auf prozessorientierte Veranstaltungen zu. Die Gruppe ist dann das Mittel zum Zweck. Was von einem Gruppenmitglied eingebracht wird, stellt den Ausgangspunkt für die weiteren Aktivitäten dar. Die Veranstaltung entwickelt sich prozessmäßig. Es ist unklar, was geschehen wird, aber der Trainer oder Gruppenleiter möchte, dass alle Teilnehmer

aufmerksam sind. Ein Warm-up kann in einem solchen Fall auch selbst das Thema liefern.
- Generell als Alternative, wenn für Sie die Thematik der Veranstaltung oder die entsprechende Phase im Gruppenprozess nicht einer der Kategorien in diesem Buch zugeordnet werden kann. Wenn das der Fall ist, möchte ich Sie gern ermutigen, zuerst selbst zu überlegen und ein geeignetes Warm-up zu erfinden, das besser für Ihre Situation passt. Wenn Sie nichts Geeignetes finden, starten Sie mit einem Aktivierungsspiel.
- Als Warm-up vor dem Warm-up. Im ersten Teil dieses Buches habe ich im Abschnitt „Die fünf Lern-Etappen der Teilnehmer" erläutert, wie wichtig es ist, die Teilnehmer erst in Bewegung zu bringen, so dass sie überhaupt zu einfallsreichen und kreativen Handlungen fähig sind. Mit einer Übung zur körperlichen Aktivierung erreichen Sie auf jeden Fall, dass die Gruppenmitglieder sich von den Stühlen erheben und hinter den Tischen hervorkommen. Der Schritt hin zu anderen Warm-ups ist dann schon einmal kleiner geworden.

Ein körperlich aktives Warm-up sollte gut dosiert werden. Sie als Trainer möchten sicher nicht erleben, dass sich die Gruppe derartig verausgabt und amüsiert hat, dass der weitere Verlauf der Veranstaltung nicht mehr von Interesse zu sein scheint.

Übung 26: Zur Musik bewegen

Ziel der Übung

Lockerung der Muskulatur.
Die Gedanken an die vorherige Aktivität loslassen.
Eine positive Einstellung erlangen.

Das wird benötigt

Rhythmische Musik

Dauer der Übung

10 Minuten

Beschreibung

- Stühle und Tische werden beiseite geräumt, Musik wird einschaltet und los geht es mit dem Bewegen. Die Teilnehmer müssen oft erst, besonders am frühen Morgen, eine gewisse Barriere überwinden, um sich dem Rhythmus hinzugeben. Es hilft, wenn der Trainer mitmacht und den anderen die Scheu nimmt. Schön ist es auch, mit eher ruhiger Musik anzufangen und allmählich das Tempo zu steigern.
- Geben Sie den Teilnehmern ausreichend Raum, damit sie in ihrem eigenen Tempo und auf ihre eigene Weise mitmachen können. Einige werden vielleicht ruhig und kontrolliert Dehn- und Streckübungen machen, andere verausgaben sich so, dass der Trainer nicht mithalten kann. Alles ist in Ordnung.

Variante

Verwenden Sie innerhalb von zehn Minuten vier völlig verschiedene Musikrichtungen, zum Beispiel Klassik, Techno, New Age und Rock 'n' Roll. Erkundigen Sie sich im Anschluss, wie es den Teilnehmern gefallen hat. Möglicherweise liefert das den Einstieg zum Training oder zum weiteren Verlauf der Veranstaltung.

Kontraindikation

Wenn im Anschluss keine weiteren körperlichen Aktivitäten geplant sind. Das würde bedeuten, die Muskeln würden nur aufgewärmt, um dann wieder abzukühlen.

Quelle

Überlieferung

Übung 27: Funny Walks

Ziel der Übung

Muskulatur und Stimme lockern.
Vorstellungskraft aktivieren.

Dauer der Übung

15 Minuten

Beschreibung

- Der Raum sollte leer sein, Stühle und Tische werden zur Seite geschoben. Der Trainer erklärt, dass es sich um eine Aufwärmübung handelt, die darüber hinaus kein Ziel verfolgt.
- Die Teilnehmer bewegen sich frei im Raum. Gehen Sie auch selbst mit. Erhöhen Sie Ihre Gehgeschwindigkeit und werden Sie danach wieder langsamer. Nutzen Sie den ganzen Raum, gehen Sie nicht nur Runden. Gehen Sie eine Weile wieder schneller und dann wieder langsamer. Und immer ruhig weitergehen. Der Trainer nennt jetzt immer wieder einen Körperteil und alle bewegen sich im Raum so, als ob dieser Körperteil sie mitziehen würde. Produzieren Sie zusätzlich ein Geräusch, das zu dieser Gangart passt. Erhöhen Sie das Tempo und verstärken Sie das Geräusch. Und wieder langsamer werden, und loslassen. Es folgen weitere Körperteile. Einfach ist es, der Nase nachzulaufen, schwieriger ist es mit den Zehen, auch das Becken ist eine Herausforderung. Erhöhen Sie den Schwierigkeitsgrad.
- Wählen Sie als Folgeübung aus diesen Möglichkeiten:
  - Sich fortbewegen wie ein Tier (Schildkröte, Giraffe, Katze usw.)
  - Sich fortbewegen wie eine bestimmte Figur (Soldat, Opa, Obdachloser, Prostituierte usw.)
  - Sich in einer bestimmten Umgebung fortbewegen (Nordpol, belebte Stadt, Wüste, Bibliothek, auf dem Mond, auf heißem Asphalt, in der Nacht usw.)
  - Sich in einer bestimmten Gefühlslage (schlechtgelaunt, ängstlich, flanierend, irritiert usw.) fortbewegen.
- Lassen Sie die Teilnehmer dazwischen immer wieder zu einer neutralen Gangart zurückkehren. Beenden Sie die Übung, indem alle wieder normal gehen und geben Sie den Teilnehmern dabei Gelegenheit, die soeben gezeigte Aktivität auf sich wirken zu lassen.

Kontraindikation

Wenn im Anschluss keine weiteren körperlichen Aktivitäten eingeplant sind. Das würde bedeuten, die Muskeln würden nur aufgewärmt, um dann wieder abzukühlen.

Weitere Einsatzmöglichkeiten
Spontanität und kreatives Denken und Handeln

Quelle
Überlieferung

Übung 28: Wenn ich klatsche

Ziel der Übung

Warm werden – physisch und auch von den Ausdrucksmöglichkeiten her.
Die Konzentration steigern.

Das wird benötigt

Ein leerer Seminarraum

Dauer der Übung

15 Minuten

Beschreibung

- Fordern Sie die Teilnehmer auf, sich frei im Seminarraum zu bewegen, kreuz und quer, aber sie sollen keine Runden drehen. Der Trainer gibt folgende Anweisung: „Wenn ich einmal klatsche, gehen Sie in die Knie und anschließend gehen Sie wieder wie vorher im Raum umher." Die Übung wird gemacht.
- Trainer: „Wenn ich zweimal klatsche, machen Sie einen Luftsprung." Dieses Spiel wird fortgesetzt, bis zu fünfmal klatschen. In Tabelle 1 finden Sie einige Ideen dafür, was die Teilnehmer nach dem Klatschen jeweils tun müssen.
- Trainer: „Jetzt werde ich unterschiedlich oft klatschen. Machen Sie bitte immer das, was zu der entsprechenden Anzahl gehört."

Tabelle 1: Übersicht über mögliche Reaktionsvarianten nach dem Klatschen

Anzahl des Klatschens	Körper	Stimme	Gesicht
Einmal klatschen	In die Knie gehen	Sanftes Murmeln	Wangen/Kiefer schütteln
Zweimal klatschen	In die Luft springen	Die Tonleiter singen	Lächeln
Dreimal klatschen	Sich drehen	Gähnen	Stirn runzeln
Viermal klatschen	Schlittschuh-laufen	Rufen	Erstaunen ausdrücken
Fünfmal klatschen	Kriechen	Lachen	Erschrocken gucken

Weitere Einsatzmöglichkeiten
Interaktion

Quelle
Überlieferung

Übung 29: „In Touch“

Ziel der Übung

Lockerung der Muskulatur.
Kontakt herstellen, Interaktion in Gang setzen.

Dauer der Übung

15 Minuten

Beschreibung

- Der Raum sollte leer sein, Stühle und Tische werden zur Seite geschoben. Der Trainer erklärt, dass es sich um eine Aufwärmübung handelt, die darüber hinaus kein Ziel verfolgt.
- Die Teilnehmer bewegen sich frei im Raum. Sie, der Trainer, machen mit. Erhöhen Sie Ihre Gehgeschwindigkeit und verlangsamen Sie Ihren Schritt wieder. Drehen Sie keine Runden, sondern nutzen Sie den gesamten Raum. Gehen Sie eine Weile wieder schneller und anschließend wieder langsamer. Und immer ruhig weitergehen. Dann nennen Sie einen Körperteil. Sobald Sie das entsprechende Wort ausgesprochen haben, nehmen Sie mit anderen Personen im Raum körperlich Kontakt auf und zwar über diesen Körperteil. Einfach geht es mit den Händen, auch mit der Rückseite des Kopfes lässt sich die Übung gut machen, mit den Zehen ist es lustig. Hüften, Nasen, Wangen sind spannender. Erlauben Sie den Teilnehmern selbst die Grenzen zu bestimmen und akzeptieren Sie diese.

Weitere Einsatzmöglichkeiten

Interaktion

Quelle

Überlieferung

Übung 30: Spüre deine Kraft

Ziel der Übung
Kraft bekommen, körperliche Energie gewinnen.
Macht und Ohnmacht spielerisch erleben.
Sich auf den Umgang mit Konflikten vorbereiten.

Das wird benötigt
Leerer Seminarraum
Eventuell ein Seil

Dauer der Übung
20 Minuten je Übung

Beschreibung
Hier folgen mehrere einfache Übungen, die dazu dienen, Kraft zu gewinnen und Konflikte auf der physischen Ebene anzugehen:

Armdrücken
Eventuell als Wettkampf organisiert, bis ein Gewinner feststeht.

Rücken- oder Schulterstoß (Stupser)
- Die Gruppe bildet Paare, die jeweils mit dem Rücken oder den Schultern aneinander stehen (mit den Rücken aneinander geht auch sitzend).
- Die ganze Gruppe arbeitet gleichzeitig. Es werden in der Mitte des Raums zwei Reihen gebildet.
- Phase 1: Einer der beiden fängt an, zu drücken und zu versuchen, den anderen nach vorne zu bewegen. Der andere versucht, stabil stehen/sitzen zu bleiben.
- Phase 2: Die Rollen werden umgedreht.
- Phase 3: Es wird in einem Wettkampf ermittelt, wer der Stärkste ist. Wichtig ist, dass die Rücken beziehungsweise die Schultern aneinander bleiben. Nicht stoßen oder andere Körperteile einsetzen.

Sich in den Kreis hinein- oder herauskämpfen
- Die Gruppe bildet einen Kreis. Ein Teilnehmer versucht mithilfe seiner Kraft, Reaktionsschnelligkeit oder Schlauheit in den Kreis hineinzukommen oder aus dem Kreis herauszukommen.
- Mehrere Teilnehmer versuchen es.

Sich frei kämpfen
- Diese Übung wird paarweise ausgeführt, meist nacheinander und nicht von allen zugleich, weil ausreichend Platz für eine Rangelei frei bleiben muss. Es bietet sich an, die restliche Gruppe dabei zusehen und darauf achten zu lassen, dass die Grenzen eingehalten werden.

- Einer der beiden umfasst mit den Armen seinen Mitspieler etwa auf der Höhe des Brustkorbs (keine verschränkten Finger/Hände).
- Der Mitspieler versucht, sich zu befreien.
- Der Trainer bestimmt, wann die Übung begonnen wird (er fragt nach, ob beide Mitspieler bereit sind) und wann sie beendet wird. Er achtet auch darauf, dass die Grenzen der Teilnehmer respektiert werden.

Tauziehen
- Die Gruppe wird in zwei Hälften geteilt, die im Tauziehen miteinander ringen. Der Trainer sorgt dafür, dass das Tauziehen gefahrlos abläuft. Vor allem ist es wichtig, hinter jeder „Mannschaft" ausreichend Platz zu lassen.
- Variation – mimisches Tauziehen: Mehr Spaß, weniger Aggression. Diese Variante erfordert ein besseres Zusammenspiel und mehr Konzentration. Der Trainer bleibt Schiedsrichter.

Schwertkampf
- Diese Übung stammt aus dem Clownsfach. Es werden Zweiergruppen gebildet. Die Übung kann von allen Zweiergruppen gleichzeitig ausgeführt werden.
- Es werden Scheingefechte mit dem Schwert ausgetragen. Der Trainer animiert die Teilnehmer: „Streiten Sie nicht. Lassen Sie sich nach Herzenslust treffen, fallen Sie zu Boden und stoßen Sie Laute aus. Anschließend stehen Sie wieder auf und Sie sind wieder lebendig."
- Kämpfen Sie nicht nur mit einem Partner. Wechseln Sie.
- Kämpfen Sie mit unterschiedlichen Schwertern: Benutzen Sie zum Beispiel einmal ein Minischwert in der Größe eines Streichholzes und dann ein Riesenschwert, das sie wegen seiner Größe und seines Gewichts kaum mit beiden Händen halten können.

Der beste Dieb
- Jeder Teilnehmer holt einen festen Gegenstand aus seiner Tasche, der ihm persönlich gehört, mit dem aber gespielt werden darf. Nun sucht sich jeder Teilnehmer einen Platz im Raum.
- Der Trainer erklärt das Spiel wie folgt: „Wie spielen fünfzehn Minuten lang das Spiel ‚Der beste Dieb'. Legen Sie Ihren Gegenstand dort ab, wo Sie jetzt sitzen und versuchen Sie, ihn zu beschützen. Weiter versuchen Sie, so viele Gegenstände wie möglich von anderen Personen im Raum zu stehlen und zu Ihrem Platz zu bringen. Sie dürfen andere Mitspielern nicht verletzen."
- Hinzukommendes Thema: angreifen oder verteidigen.

Alle Übungen brauchen eine kurze Nachbesprechung, in der die Teilnehmer ihre Erfahrungen teilen können, wenn sie es wollen.

Kontraindikation

Wenn im weiteren Verlauf des Trainings keine weiteren körperlichen Aktivitäten vorgesehen sind. Die Muskulatur würde dann nur aufgewärmt werden, um sie dann wieder abkühlen zu lassen.

Weitere Einsatzmöglichkeiten

Konfliktmanagement
Interaktion

Quelle

Überlieferung

Übung 31: Stimmen

Ziel der Übung

Vorbereitung für Übungen oder Teile von Veranstaltungen, bei denen der Gebrauch der Stimme eine wichtige Rolle spielt.
Mut zum freien Sprechen aufbauen.
Ausdrucksmöglichkeiten von Klängen und der eigenen Stimme vergrößern.

Das wird benötigt

Ein leerer Seminarraum
Eventuell ein Ball

Dauer der Übung

15 Minuten pro Warm-up. Die Warm-ups können unabhängig voneinander eingesetzt werden.

Beschreibung

Warm-up 1: Klänge
Die Teilnehmer stehen im Kreis und werfen sich einen (fiktiven) Ball zu und zwar so, dass jeder ihn leicht fangen kann. Nachdem der Ball mehrfach geworfen wurde, bittet der Trainer die Teilnehmer ihren Wurf jeweils mit einem Wort einhergehen zu lassen. Das Wort wird in die Länge gezogen, bis der Ball angekommen ist. Lie-ie-ie-bste, Kö-ö-ö-ö-nig, usw. Die Worte werden direkt an den Ballempfänger gerichtet. (Ein fiktiver Ball kann in Zeitlupe geworfen werden). Nach ein paar Minuten werden die Würfe jeweils von einem Klang begleitet:

- Ohohohohohohoh
- Bubububububum
- Toiiiiiiiiiiiiiiiiiing
- Ploooooooooop
- Bäääääääääääh

Warm-up 2: Lautstärke
Die Gruppe teilt sich in Paare auf, die gebeten werden, sich miteinander frei im Raum zu bewegen. Dann bekommen sie den Auftrag, sich miteinander zu unterhalten, das Thema ist unerheblich (die Übung kann auch in einem unverständlichen Kauderwelsch, siehe Übung 44 durchgeführt werden). Nun gibt der Trainer folgende Aufträge: „Setzen Sie Ihre Unterhaltung fort und berücksichtigen Sie folgende Umstände:

- Sie befinden sich in einer Kirche und wollen von Dritten nicht gehört werden.
- Sie befinden sich auf der Straße und wollen für den anderen verständlich bleiben.

- Sie befinden sich auf einem belebten Markt und sind schwer zu verstehen.
- Sie befinden sich in einer Fabrik und tragen wegen des Maschinenlärms Ohrschützer".

Warm-up 3: Lachen
Die Teilnehmer bewegen sich einzeln und frei im Raum. Der Trainer fordert sie auf, leise vor sich hin zu lachen. Er macht selbst auch mit. Das Lachen wird mit der Zeit lauter. Anschließend bewegen sich die Teilnehmer wieder neutral im Raum. Nun gibt der Trainer vor, wie gelacht wird:

- Polternd wie ein Offizier (General)
- Kichern wie pubertierende Mädchen
- Grinsen über jemand anderes
- Übertrieben lachen, obwohl man sich gar nicht freut
- Überheblich lachen
- Tränen in den Augen vor Lachen, weil der Witz so gut war

Quelle
van Dijck, M. (2000).

Übung 32: Seitenwechsel

Ziel der Übung
Körperliches Warm-up
Zusammenarbeit im Team

Das wird benötigt
Ein leerer Seminarraum
Stühle
Einige Seiten Papier (Flipchart-Block)

Dauer der Übung
15 Minuten

Beschreibung
- Die Gruppe wird in Untergruppen von jeweils drei Personen aufgeteilt, die sich in den Ecken des Raums verteilen.
- Die Aufgabe besteht darin, als Gruppe die jeweils gegenüberliegende Ecke als erste zu erreichen, ohne den Boden zu berühren, unter Zuhilfenahme der Stühle.

Variation
Diese Variante kann mit zwei oder drei Gruppen von jeweils vier Personen durchgeführt werden. Jede Gruppe bekommt ein Blatt Papier von einem Flipchart-Block. Es dürfen keine weiteren Hilfsmittel verwendet werden. Alle beginnen auf derselben Seite des Raums. Die Aufgabe ist, gemeinsam als Gruppe als erste auf die andere Seite zu gelangen, ohne den Boden zu berühren.

Weitere Einsatzmöglichkeiten
Teambuilding

Quelle
Überlieferung

5 Interaktion

In diesem Kapitel werden wir drei Themen, die miteinander verwandt sind, besprechen. Die vorgestellten Übungen eignen sich in der Regel für jedes dieser Themen.

Interaktion ankurbeln

„Man kann nicht nicht kommunizieren" lautet eine Grundregel der Kommunikationstheorie. Dennoch scheint das Nicht-Kommunizieren manchen Teilnehmern in bestimmten Gruppen gut zu gelingen. In solchen Gruppen kommt die Interaktion einfach nicht in Gang. Die Teilnehmer starren vor sich hin, antworten wortkarg auf Fragen des Trainers und strahlen aus, dass eine Unterhaltung in der Gruppe nicht infrage kommt. Als Trainer oder Moderator neigt man dazu, die Ursache bei sich selbst zu suchen. Sind meine Fragen wirklich geeignet? Gehe ich zu schnell vor? Gibt es Widerstände gegen meine Person? Vielleicht überlegt man, ob es in der Gruppe unausgesprochene Themen gibt. Schwelt ein Konflikt? Wurden die Personen zur Teilnahme verpflichtet? Sie, als Trainer, Gruppenleiter oder Moderator, werfen nun Ihr Können in die Waagschale, um diese Veranstaltung zum Erfolg zu führen. Sie stellen der Gruppe noch mehr Fragen, Sie präsentieren sich gutgelaunt, Sie deuten an, Interessantes vorzuhaben oder Sie geben Rückmeldung zur vorhandenen Stille in der Gruppe und thematisieren somit das Schweigen. Nützliche Aspekte, aber, alles zu seiner Zeit. Manchmal muss man einer Gruppe einfach auf die Sprünge helfen. Denken Sie einmal an die Lokomotive bei elektrischen Eisenbahnen. Sie braucht einen kleinen Ruck und dann setzt sie sich in Bewegung. Bei Warm-ups, die dafür konzipiert sind, Interaktionen zu fördern, ist der Effekt ähnlich. Es handelt sich dabei durchweg um kurze Übungen, die die Interaktion in Gang bringen.

Effektiv kommunizieren

„Man kann nicht nicht kommunizieren". Allerdings ist nicht jede Kommunikation auch effektiv. Was der eine Mensch wahrnimmt, entspricht nicht unbedingt dem, was ein anderer Mensch sieht oder hört. Geschweige denn, dass beide dasselbe über ihre Wahrnehmung denken oder dieselbe emotionale Reaktion darauf haben. In der Kommunikation wollen wir dem Gesprächspartner deutlich machen, worum es geht. Jemand, der nicht sogleich versteht, scheint viele Worte zu benötigen, um Ihnen folgen zu können. Viele Worte können wiederum für Verwirrung und Missverständnisse sorgen. Vor allem, wenn viele Umgebungsgeräusche hinzukommen. Können Sie mir noch folgen?

Warm-ups, die auf die Interaktion in der Gruppe ausgerichtet sind, können in kurzer Zeit vermitteln, worum es bei effektiver Kommunikation geht. Sie wirken erhellend und vertiefend. Sie bringen das Gespräch zum Thema in Gang.

Nonverbale Signale

„Man kann nicht nicht kommunizieren". Mindestens siebzig Prozent unserer Kommunikation verläuft nonverbal. Blicke können töten, Gesten können Begeisterung ausdrücken, Ihre Stimme verrät Ihre Unsicherheit. Ihr Gegenüber wird insbesondere auf diese Signale reagieren. Obwohl unsere nonverbalen Botschaften beim Gegenüber ankommen, beschäftigen wir uns im Allgemeinen wenig mit diesem Aspekt unserer Kommunikation. Eine effektive Kommunikation kann ohne bewusste Aufmerksamkeit für die Effekte der nonverbalen Signale nicht funktionieren. Die folgenden Übungen dienen dazu, auf diesem Gebiet Einsichten zu erlangen und Kompetenzen zu entwickeln.

Die in diesem Kapitel vorgestellten Warm-ups können grundsätzlich zu allen drei Themen des Kapitels eingesetzt werden. Es kommt auf den Trainer an, welches Thema am meisten Gewicht bekommt. Entscheidend sind dabei die Art der Einführung, die Interventionen, das Feedback während der Übungen und die Nachbesprechung.

Einige der Warm-ups laden explizit dazu ein, Interaktionen einzugehen, während andere besser geeignet sind, eine effektive Kommunikation in Gang zu setzen. Ein anderer Teil der Warm-ups ist speziell für Übungen im Bereich der nonverbalen Kommunikation konzipiert. Soweit es möglich war, sind die Warm-ups auch nach diesen Bereichen aufgelistet: Zuerst die Übungen zur Förderung der Interaktion, dann die Übungen, die zu einer effektiven Kommunikation beitragen und schließlich die Übungen, die sich mit der nonverbalen Kommunikation beschäftigen.

Übung 33: Sei gegrüßt!

Ziel der Übung

In ungezwungener Art und Weise in Kontakt bzw. Interaktion treten.
In Gang kommen, aktiv werden.
Warm-up der persönlichen Ausdrucksmöglichkeiten.

Das wird benötigt

Ein leerer Seminarraum

Dauer der Übung

10 Minuten

Beschreibung

- Bitten Sie die Teilnehmer, sich kreuz und quer im Raum zu bewegen, aber keine Runden zu drehen. Der Trainer gibt folgende Anweisung: „Bleiben Sie zunächst nur bei sich selbst, knüpfen Sie keine Kontakte. Nehmen Sie wahr, wo Ihr persönliches Tempo liegt. Wie ist Ihre Stimmung? Nach einer Weile stellen Sie Kontakt zu einer anderen Person her. Wenn ich Sie dazu auffordere, heben Sie Ihren Blick und nicken der Person, die Ihnen gerade entgegenkommt, zum Gruß zu. Fangen Sie bitte jetzt an, anderen zuzunicken, aber bleiben Sie gleichzeitig in Bewegung. Und nun beenden Sie das Zunicken wieder. Als Nächstes werden wir Hände schütteln ...":
- Möglichkeiten, sich nonverbal zu grüßen:
  - Zunicken
  - Hände schütteln
  - Arrogant aneinander vorbeigehen
  - Sich umarmen
  - Den anderen verführen wollen

Variante 1

Lassen Sie die Teilnehmer beim verbalen Grüßen nur den Gruß selbst aussprechen. Der Gruß führt nicht zu weiterem Wortwechsel. Möglichkeiten, sich verbal zu grüßen:

- „Hallo" beim Vorbeigehen
- „Hallo" aus einer gewissen Entfernung
- „Schön, dich/Sie wieder zu sehen!"
- „Kennen Sie mich noch?"
- „Was machst du/machen Sie denn hier?"

Variante 2
Alle Formen der Begrüßung, die Ihnen einfallen oder Kombinationen aus nonverbalem und verbalem Grüßen. Es ist auch wünschenswert, wenn von den Teilnehmern selbst Vorschläge kommen.

Weitere Einsatzmöglichkeiten
Körperaktivierende Übung

Quelle
Überlieferung

Übung 34: Im Museum

Ziel der Übung

Sehr zurückhaltend Kontakt aufnehmen bzw. eine Interaktion eingehen.
Interaktion zum Thema machen.
Vorstellungskraft anregen.

Das wird benötigt

Ein leerer Seminarraum und Stühle entlang einer Wand.

Dauer der Übung

10 bis 15 Minuten

Beschreibung

- Die Teilnehmer stehen im Raum verteilt. Der Trainer erklärt: „Wir befinden uns in einem Museum für moderne Kunst. An den Wänden hängen Gemälde. An einer Wand sind mehrere Stühle zum Ausruhen und Entspannen aufgestellt. Auch an dieser Wand hängen Bilder. In einem Museum wird nicht sehr viel gesprochen, aber es gibt dennoch Menschen, die Kontakt suchen. Gehen Sie umher, sehen Sie sich um, betrachten Sie die Bilder. Überlegen Sie, ob Sie jemanden ansprechen möchten. Vielleicht wirkt das so, als würden Sie das Interesse an einem Bild teilen. Vielleicht erscheint Ihnen jemand sympathisch". Das Spiel dauert 3 bis 5 Minuten.
- Das Spiel wird gespielt.
- Es folgt eine kurze Nachbesprechung, bei der die Teilnehmer im Kreis stehen. „Wie haben Sie das Herumgehen empfunden? Wollten Sie in Kontakt kommen? Wie ist es Ihnen dabei ergangen? Was hat Sie davon abgehalten? Was war gut an Ihrem Gespräch?" usw.

Quelle

Überlieferung

Übung 35: Es wird gefeiert

Ziel der Übung

Eine interaktive Gruppe oder eine Gruppe mit Widerständen zur Kontaktaufnahme zu bewegen.
Lockere Einführung in das Thema „(verdeckte) Motive".

Dauer der Übung

15 Minuten

Das wird benötigt

Ein leerer Seminarraum
Karten mit vorformulierten Aufträgen

Beschreibung

- Der Trainer erklärt die Übung: „Wir spielen jetzt gleich die Gäste auf einem Fest. Es handelt sich um die Hochzeit von Anna und Hans. Anna ist Managerin bei einem Telekommunikationsunternehmen, Hans ist Lehrer von Beruf. Sie, die Gäste kennen sich untereinander nicht. Jeder bekommt von mir eine Karte, auf der steht, welche Beziehung er zum Brautpaar hat und eine zusätzliche Information, die Sie während des Spiels verwenden oder weglassen können, wie Sie es wollen. Das Spiel dauert etwa 10 Minuten." Der Trainer verteilt die Karten mit folgendem Inhalt:
  - Sie sind der Bruder bzw. die Schwester von Hans. Sie sind alleinstehend und suchen einen Partner.
  - Sie sind die Mutter bzw. der Vater von Hans. Sie wollen es gerne jedem recht machen.
  - Sie sind ein Kollege von Hans. Sie würden sich gern dazu bekennen, trauen sich aber nicht, dass auch Sie in Anna verliebt sind.
  - Sie sind der 18-jährige Sohn von Hans aus einer früheren Ehe. Sie sehen Anna zum ersten Mal und sind neugierig auf sie.
  - Sie sind ein Freund bzw. eine Freundin von Hans. Sie möchten, dass jeder reichlich trinkt und Lust hat, zu feiern.
  - Sie sind eine Jugendfreundin bzw. ein Jugendfreund von Anna. Sie möchten gern ein bisschen aus dem Nähkästchen plaudern und über Anna tratschen.
  - Sie sind Annas Vater bzw. Mutter, der/die in die USA ausgewandert ist. Deutschland lässt Sie kalt.
  - Sie sind eine Kollegin bzw. ein Kollege von Anna. Sie sind stellvertretend für das gesamte Team zu diesem Fest geschickt worden.
  - Sie sind ein Freund bzw. eine Freundin von Anna. Sie sind alleinstehend und suchen einen Partner bzw. eine Partnerin.

  - Sie sind der Pastor. Anna und Hans sind nicht gläubig, haben aber kirchlich geheiratet, um ihren Eltern eine Freude zu machen.
- Der Trainer sollte es beherrschen, eine Gruppe zu verführen, vor allem, wenn es sich um eine Gruppe mit Widerständen handelt, denn in solchen Gruppen wird nicht gern freiwillig gespielt. Die Karten mit den Aufträgen helfen dem Trainer. Die Teilnehmer sind meist neugierig auf ihren geheimen Auftrag.

Quelle
Überlieferung

Übung 36: An der Bushaltestelle

Ziel der Übung
Zehn verschiedene Arten, Fragen zu stellen und darauf zu antworten, kennenlernen.
Zehn verschiedene Arten, ein Gespräch zu beginnen, zu zerstören oder fortzusetzen, kennenlernen.

Das wird benötigt
Eine leere Bühne

Dauer der Übung
20 Minuten

Beschreibung
- Die Teilnehmer sitzen in einer oder zwei Publikumsreihen, der Trainer steht auf der Bühne. Er hat sich an einen fiktiven Pfosten angelehnt und erklärt: „Das ist eine Bushaltestelle. Ich warte auf den Bus. Nachher kommt jemand hier vorbei, einer aus Ihrer Gruppe, und erkundigt sich: „Ist das die Haltestelle der Linie 10?" Daraus ergibt sich folgende Konversation (der Trainer spielt beide Rollen vor):
  A: „Ist das die Haltestelle der Buslinie 10?"
  B: „Nein, Linie 4"
  A: „Können Sie mir sagen, wo die Linie 10 hält?"
  B: „Die Straße runter, dann links, 50 Meter weiter auf der rechten Seite."
  A: „Vielen Dank."
  B: „Ah, mein Bus."
- B steigt ein und verschwindet von der Bühne. A bleibt stehen, eine andere Person kommt hinzu und derselbe Dialog findet statt, wobei A nun die Rolle von B bekommt. Das Spiel soll so verlaufen, dass jeder neue Dialog durch eine etwas geänderte Intonation, Haltung oder Bewegung anders gestaltet wird.

Variante
Das Gespräch beginnt mit genau denselben fünf Zeilen wie oben dargestellt, aber jetzt will A nicht zur anderen Bushaltestelle aufbrechen, sondern möchte bleiben und das Gespräch fortsetzen. Wie packt er das an? Nach einer Weile sagt der Trainer, der Bus wäre jetzt da: „Tüt-tüt, Linie 4 steht bereit!" Steigt B ein?

Quelle
Überlieferung

Übung 37: Da ist noch Luft nach oben!

Ziel der Übung
Die Interaktion anregen.
Den Faktor Spaß in die Gruppe bringen.
Den Ausdruck von Emotionen fördern.

Dauer der Übung
10 Minuten

Beschreibung
- Die Gruppe steht im Kreis.
- Der Trainer erklärt seinem Nachbarn: „Ich werde Ihnen jetzt gleich etwas sagen und werde die Worte durch meine Haltung und meinen Gesichtsausdruck unterstreichen. Ich werde dabei zurückhaltend sein. Als Nächstes möchte ich Sie bitten, dasselbe mit Ihrem Nachbarn zu machen, aber mit etwas mehr Ausdruck. Und so gehen wir einmal im Kreis herum. Wenn wir wieder bei mir ankommen, ist der Ausdruck am stärksten. Falls nicht, machen wir noch eine Runde!"

  Beispielsätze:
  - „Geh mal weg hier!"
  - „Ich finde dich nett."
  - „Tu doch nicht so blöd."
  - „Ich habe Angst vor dir."
  - „Ich freue mich darauf."
  - „Wie schön, dass du da bist."
  - „Räum das hier weg."
  - „Bei dir oder bei mir?"

Quelle
Überlieferung

Übung 38: Spontanreaktion

Ziel der Übung

Spontan reagieren, sich seine ersten Impulse bewusst machen.
Vorübung zum Feedback-Geben.

Dauer der Übung

30 Minuten

Beschreibung

- Die Teilnehmer stehen im Kreis. Der Trainer erklärt seinem Nachbarn die Übung: „Ich werde jetzt gleich etwas mit Haltung, Mimik und Gestik machen. Ich möchte auf diese Weise etwas ausdrücken. Ich bitte Sie, unmittelbar zu reagieren. Folgen Sie dabei Ihrem ersten Impuls und reagieren Sie ebenfalls nur durch Haltung, Mimik und/oder Gestik." Der Trainer macht die Übung vor und der Teilnehmer reagiert. Der Trainer bittet seinen Nachbarn nun seinerseits gegenüber seinem Nachbarn auf dieselbe Art und Weise etwas auszudrücken, worauf dieser dann reagiert.
- Bei weniger erfahrenen Gruppen kann es nützlich sein, dem jeweiligen Akteur Möglichkeiten zuzuflüstern.

  Mögliche Aktionen:
  - Einen Fausthieb versetzen
  - Einladend die Arme ausbreiten
  - Überheblicher Blick, den anderen negierend
  - Mit gesenktem Kopf Trost suchen
  - Ängstlich abwehrend die Arme ausstrecken

- Als nächster logischer Schritt bietet sich ein Gespräch über Feedback an. Wer effektiv Feedback geben will, muss seine persönliche Reaktion auf bestimmte Aktionen kennen. Die würde man dann zwar nicht zeigen, aber dennoch benennen: „Du hast mich richtig erschreckt", „Ich wäre am liebsten davongelaufen", „Ich wollte dich trösten, aber ..." usw.

Weitere Einsatzmöglichkeiten

Spontanität und kreatives Denken und Handeln

Quelle

Überlieferung

Übung 39: Das Wartezimmerspiel

Ziel der Übung

Mit selbstsicherem Verhalten experimentieren, Grenzen setzen.
Mit nonverbalem Verhalten experimentieren.

Das wird benötigt

Eine Bühne und mehrere Stühle an zwei Wänden.

Dauer der Übung

20 Minuten

Beschreibung

- Der Trainer steht auf der Bühne und erklärt, er befinde sich hier im Wartezimmer einer Tierarztpraxis und die Sprechstunde beginne in Kürze. Die Teilnehmer betreten nun einzeln das Wartezimmer und haben jeweils ein imaginäres Haustier dabei. Zwei Teilnehmer werden vorab zur Seite genommen und bekommen einen speziellen Auftrag:
  - Sie wollen sich mit allen Anwesenden unterhalten und alle Tiere streicheln.
  - Sie kommen als Letzter und wollen als Erster ins Sprechzimmer. Ihr Tier ist nicht kurz vor dem Sterben, es soll nur geimpft werden. Der Zustand des Tiers darf somit nicht Ihr Motiv sein.
- Der Trainer gibt das Startzeichen und das Spiel kann beginnen. Solange der Tierarzt noch nicht anwesend ist, geht niemand ins Sprechzimmer. Mehr noch: Das Spiel endet, wenn der Trainer ein Zeichen gibt, dass der erste Besucher nun ins Sprechzimmer kommen kann.

Weitere Einsatzmöglichkeiten

Introspektion und persönliche Entwicklung

Quelle

Überlieferung

Übung 40: There ain't no flies on us!

Ziel der Übung

Zusammenarbeiten, ohne dass eine Person zum Anführer erklärt wurde.
Auf spielerische Weise Emotionen ausdrücken.

Das wird benötigt

Ein leerer Seminarraum

Dauer der Übung

15 Minuten

Beschreibung

- Die Gruppe wird in zwei Hälften geteilt, die sich jeweils auf zwei gegenüberliegenden Seiten des Seminarraums nebeneinander aufstellen. Die zwei Gruppen stehen sich somit (jeweils in einer Reihe) gegenüber. Der Trainer gibt einen Text vor, den beide Gruppen einige Male gleichzeitig aufsagen. Der Text wird rhythmisch in einem angenehmen Tempo gesprochen:

  There ain't no flies on us
  No, there ain't no flies on us
  There may be flies on some of you guys
  There ain't no flies on us.

- Der Text wird nun von einer der beiden Gruppen gesprochen, während die Teilnehmer dieser Gruppe gleichzeitig auf die andere Gruppe zugehen. Wenn sie der Gruppe schon nahegekommen sind, bewegen sie sich schnell zurück. Die andere Gruppe macht es anschließend genauso.
- Dieser Prozess wiederholt sich mehrmals, mit kleinen Variationen: Die Gruppen zeigen jetzt, wenn sie an der Reihe sind, immer andere Emotionen oder Stimmungen: ängstlich, überheblich, verliebt, ärgerlich, erschöpft, erschreckt usw. Eine Gruppe kann dabei mit ihrer Emotion oder Stimmung auf die andere Gruppe reagieren. Häufig geschieht das automatisch nach einigen Runden.
- Der Trainer kann anregen – vor allem wenn es sich um eine unerfahrene Gruppe handelt – dass die Person in der Mitte einer Reihe die Emotion bestimmt und die anderen Mitglieder der Emotion Ausdruck verleihen.
- Der Trainer animiert die Gruppenmitglieder, beim Spiel nicht nur ihre Stimme, sondern auch Mimik, Haltungen und Bewegungen einzusetzen.

Weitere Einsatzmöglichkeiten

Körperaktivierende Übung
Führung

Quelle

Playback Theater

Übung 41: Was ich eigentlich meine ...

Ziel der Übung

Die Effekte nonverbaler Kommunikation als Thema einleiten.

Dauer der Übung

10 Minuten

Beschreibung

- Die Gruppe steht im Kreis. Der Trainer erklärt: „Wie Sie wissen, wird mehr als siebzig Prozent der Wirkung unserer Kommunikation von nonverbalen Aspekten bestimmt. Wir machen eine Übung, die darin besteht, doppelte Botschaften zu geben." Der Trainer spricht seinen Nachbarn im Kreis an: „Ich werde Ihnen gleich etwas sagen, wobei der Inhalt meiner Worte und die Art und Weise, wie ich sie ausspreche, nicht zusammenpassen. Ich möchte Sie bitten, das auch so an Ihren Nachbarn weiterzugeben, und dieser gibt es weiter an seinen Nachbarn und so weiter, bis wir einmal den Kreis vollendet haben."
- Die Übung beginnt. Im Anschluss wird nach dem sogenannten „Subtext" gefragt, also jenen Teil der Mitteilung, der nicht verbal, sondern nonverbal ausgedrückt wurde (vgl. Tabelle 2).

Tabelle 2: Beispiele für mögliche Mitteilungen und Subtexte

Text	Subtext
„Wie wäre es, wenn wir hier mal zusammen aufräumen würden?"	Du räumst nie aus eigenem Antrieb auf! Ich bin irritiert.
„Du führst Protokoll!"	Ich traue mich eigentlich nicht, dich um etwas zu bitten.
„Du bist ein guter Kollege."	Du machst Fehler.
„Du bist so unordentlich."	Ich möchte dich verführen.

Zwischendurch kann der Trainer Kommentare dazu geben, wie die einzelnen Teilnehmer ihren Auftrag umsetzen. Manchen dürfte es schwerfallen, bei der Übung überhaupt mitzumachen. Andere haben ihre Mühe damit, negative oder gerade auch positive Emotionen zu zeigen.

Quelle

Überlieferung

Übung 42: Face it

Ziel der Übung
Beobachten.
Die Fähigkeit des nonverbalen Ausdrucks verbessern.

Das wird benötigt
Ein leerer Seminarraum

Dauer der Übung
20 bis 30 Minuten

Beschreibung
- Die Teilnehmer bilden Dreiergruppen. Der Trainer erklärt, dass er genaues Beobachten und die nonverbale Ausdrucksfähigkeit üben möchte. Anhand einer der Dreiergruppen erläutert er konkret, wie es gemacht werden soll. Er bittet einen der drei Teilnehmer eine bestimmte Haltung und eine bestimmte Mimik anzunehmen und den zweiten, dies so präzise wie möglich nachzuahmen. Der dritte erhält den Auftrag, die „Kopie" durch seine Anweisungen zu perfektionieren. Diese Anweisungen müssen sich konkret auf die (Körper-)Haltung beziehen und nicht auf die Intention abzielen. Also: „Gehen Sie mit Ihren Schultern noch etwas mehr nach unten", statt: „Zeigen Sie sich noch betrübter." Auch bezüglich der Mimik werden Anweisungen gegeben: „Die Kiefer noch stärker aufeinanderpressen, die Augen fester schließen." Das Spiel beginnt. Der Trainer kann noch darauf hinweisen, wie gearbeitet werden soll und er erklärt, dass alle Dreiergruppen gleichzeitig an die Arbeit gehen sollen, wobei die Rollen – für den, der die Haltung einnimmt, für den, der nachahmt und für den, der beobachtet – innerhalb der Dreiergruppe wechseln.
- Die Übung kann allgemein das Thema *nonverbaler Ausdruck* einleiten oder das Thema persönlicher nonverbaler Ausdruck: Welche Emotionen zeigen Sie mühelos, welche weniger leicht? Sind Sie eher ausdrucksstark oder mehr introvertiert? usw.

Variante
Dieselbe Übung kann mit allen Teilnehmern im Kreis durchgeführt werden: Ein Teilnehmer spielt die Person, die die Haltung einnimmt und ein anderer die Person, die die Haltung imitiert. Der Rest der Gruppe beobachtet und gibt Anweisungen. Dadurch erhöht sich die Spannung für die „Schauspieler". Sie brauchen nun mehr Konzentration. Die Neigung, in Lachen zu verfallen, wird stärker sein (was für ein Warm-up an sich auch einen positiven Effekt haben kann).

Weitere Einsatzmöglichkeiten
Fokussieren

Quelle
Überlieferung

Übung 43: Union Jack

Ziel der Übung

Einführung zum Thema „Umgang mit Emotionen".
Konzentration während des Zusammenspiels und der Aktivität.

Das wird benötigt

Ein leerer Seminarraum
Klebeband

Dauer der Übung

20 Minuten

Beschreibung

- Auf dem Boden werden mit (farbigem) Klebeband folgende Linien geklebt:

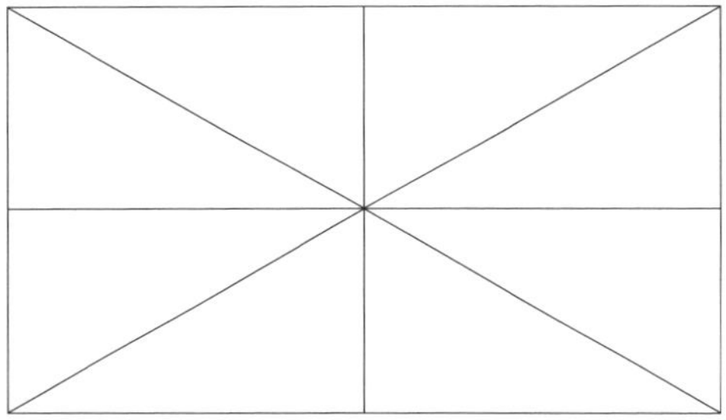

Der Trainer bittet nun fünf oder sechs Teilnehmer sich auf den Linien zu verteilen. Die Übung beginnt damit, dass sich die Personen frei auf den Linien bewegen. Wenn einem jemand entgegenkommt, hat man die Möglichkeit, sich umzudrehen und in die andere Richtung weiter zu gehen. An jedem Kreuzpunkt entscheidet sich der Teilnehmer für eine Richtung.

- Nach einer Minute stoppt der Trainer die Übung und erläutert: „Wir werden gleich weitermachen, aber mit einer kleinen Änderung: Fortan lachen Sie bei jeder Begegnung laut, drehen sich um und gehen ganz normal weiter." Nach einer Minute wird wieder gestoppt. Dann erklärt der Trainer, was jeder Teilnehmer bei den weiteren Begegnungen machen soll.

Bei der ersten Begegnung	Lachen
Bei der zweiten Begegnung	Weinen
Bei der dritten Begegnung	Ärgerlich werden
Bei der vierten Begegnung	Ängstlich sein

- Dann fängt das Ganze wieder von vorne an. Die Reihenfolge bleibt immer gleich.

- Effekt: Witzige Begegnungen, ohne dass die Protagonisten miteinander sprechen. Die Reaktionen aufeinander sind immer anders: einer lacht, einer weint oder: einer wird ärgerlich, einer lacht usw.
- Nach einer Weile kommen die übrigen Teilnehmer an die Reihe, damit die erste Gruppe auch über das Geschehen lachen kann.

Weitere Einsatzmöglichkeiten
Fokussieren

Quelle
Playback Theater

Übung 44: Kauderwelsch

Ziel der Übung

Nonverbale Kommunikation üben.
Einführung zum Thema „nonverbaler Ausdruck“.
Zur Interaktion animieren.

Das wird benötigt

Einen leeren Seminarraum oder eine leere Bühne.

Dauer der Übung

10 bis 30 Minuten

Beschreibung

Die folgenden drei Warm-ups können nacheinander durchgeführt werden, sind aber auch einzeln und unabhängig voneinander einsetzbar.

- Die Teilnehmer stehen im Kreis. Der Trainer erklärt die Übung: „Es geht im Folgenden um ein unsinniges Sprachengemisch oder unverständliche Buchstabenkombinationen, die wie eine fremde Sprache klingen. Etwa so: Haskwiboeboe tiehu. Jetschi vometo. Ors vanki mut.“ Der Trainer wendet sich an seinen Nachbarn: „Ich werde gleich mit Ihnen ein Klatschgespräch beginnen. Bitte sprechen Sie mit mir in derselben Sprache.“ Das Gespräch findet statt, es dauert 30 Sekunden. Der Trainer bittet seinen Nachbarn, die Klatschgeschichte nun an seinen anderen Nachbarn im Kreis weiterzuerzählen, aber in einer anderen „Sprache“ oder Sprechweise. Die Geschichte geht nun im gesamten Kreis herum. Jeder Teilnehmer erzählt sie in einer anderen Art von Kauderwelsch.
- Die Teilnehmer bilden Zweiergruppen und verteilen sich als solche im Raum. Die Zweiergruppen werden gebeten, folgende Rollen zu verteilen: Kaiser Nero und sein Berater. Trainer: „Sie werden gleich im Raum herumspazieren. Während des Spaziergangs besprechen Sie die folgende Angelegenheit: Soll Rom in Brand gesetzt werden oder nicht? Der Berater wagt es nicht, Nero zu widersprechen. Er folgt Nero in allem, was dieser an Pro und Contra zu sagen hat. Nero zweifelt, wird ungehalten, hat Mitleid mit den Bürgern, fasst einen Beschluss, verwirft den Plan, usw. Aber alles in verworrener Sprechweise, Kauderwelsch eben! Der Berater reagiert deshalb auf die Tonlage der Stimme und andere körpersprachliche Signale.“ Nach der Hälfte der Zeit ruft der Trainer „Wechseln“ und das Gespräch wird mit denselben Personen, aber in der jeweils anderen Rolle, weitergeführt.
- Zwei Teilnehmer werden auf die Bühne gebeten. Der Trainer erklärt das Spiel: „Sie werden eine kurze Szene in unverständlichem Kauderwelsch spielen. Ich werde Ihnen dafür – draußen auf dem Gang – einen Auftrag mitgeben.“ Das Spiel dauert ungefähr zwei Minuten. Im Anschluss soll die Gruppe erraten, worum es ging.

Mögliche Aufträge für Spielszenen:

- Der Nachbar stutzt die Hecke zwischen zwei Gärten. Die Zweige fallen zum Nachbarn. Es kommt zum Konflikt.
- Zwei Menschen warten auf den Bus. Der eine möchte reden, der andere nicht.
- Es ist dunkel. Eine Person fragt eine andere auf der Straße nach dem Weg. Die andere Person fürchtet andere Absichten.
- Zwei Menschen stehen in einem Aufzug. Der Aufzug bleibt stecken.
- Ein Bauer zeigt seinem ungeschickten landwirtschaftlichen Helfer, wie das Melken der Kühe funktioniert.

Weitere Einsatzmöglichkeiten

Interaktion

Quelle

Überlieferung

Übung 45: Die Konversation scheint sich erschöpft zu haben

Ziel der Übung

Die Bedeutung der nonverbalen Kommunikation verstehen lernen.
Sich darin üben, Emotionen zu zeigen.

Das wird benötigt

Zwei nebeneinander aufgestellte Stühle auf einer leeren Bühne.

Dauer der Übung

15 Minuten

Beschreibung

- Zwei Teilnehmer werden gebeten, sich auf die Stühle zu setzen. Beide erhalten ein Blatt Papier (DIN A4-Format) mit folgendem Text:
  A: „Die Konversation scheint sich erschöpft zu haben."
  B: „Was?"
  A: „Die Konversation scheint sich erschöpft zu haben."
  B: „Wieso?"
  A: „Bonbon?"
  B: „Nein, danke."
  A: „Onkel Charles hatte immer diese Sorte. War von Bonbons überzeugt."
  B: „Onkel Charles?"
- Bitten Sie die Teilnehmer die Rollen zu verteilen und den Text ein paar Mal sozusagen als „Trockenübung" und ohne Emotionen aufzusagen, bis sie den Text so gut wie auswendig können. Dann teilt der Trainer den Rollen Emotionen zu, also beispielsweise A = irritiert und B = innerlich abwesend. Der Text wird dann unter Einbeziehung dieser Gefühlslagen gespielt und weitere Male mit anderen Emotionen, wie verliebt und erstaunt, drohend und ängstlich, usw. Die Darsteller – auch die Gruppe – können selbst Vorschläge machen. Nach und nach entsteht die Erkenntnis, dass der Ton mehr aussagt als der Inhalt des Dialogs.
- Die Darsteller können wechseln.
- Die Darsteller müssen nicht sitzen bleiben. Auch ihre Position wirkt sich auf die Kommunikation aus.

Quelle

Überlieferung

Übung 46: Telefonsolo

Ziel der Übung

Gefühle ausdrücken.
Lernen, sich über Gefühle auszutauschen.
Selbstbewusstsein trainieren: allein vor der Gruppe spielen.
Den Unterschied zwischen Beobachtung und Interpretation erkennen lernen.

Das wird benötigt

Eventuell ein (nicht angeschlossenes) Telefon
Leere Bühne

Dauer der Übung

20 Minuten

Beschreibung

- Der Trainer stellt einen (imaginären) Telefonapparat auf die Bühne. Er erklärt: „Das hier ist ein Wohnzimmer. Sie alle werden ein kurzes Solostück spielen. Sie erhalten von mir einen Auftrag, in dem ein Ereignis eingearbeitet ist, das vor dem Spiel stattgefunden hat und Sie erhalten eine Mitteilung per Telefon (vgl. Tabelle 3). Beides dürfen Sie nicht erwähnen. Sie sagen nichts, bis das Telefon klingelt. Ich lasse das Telefon zu einem bestimmten Zeitpunkt klingeln." Nach der Übung beschreiben die übrigen Teilnehmer, was sie gesehen haben und sie versuchen zu erraten, welches Ereignis sich vorher abgespielt hat.
- Der Solo-Aspekt erhöht die Spannung für den Teilnehmer. In diesem Sinn ist die Übung ein Training für den selbstbewussten Auftritt.

Tabelle 3: Beispiele für mögliche Ereignisse und Mitteilungen

Ereignisse, die vor dem Telefonat stattgefunden haben könnten	Mitteilungen am Telefon
Sie wurden entlassen.	Sie haben € 100.000 Euro gewonnen.
Sie haben einen schönen Film gesehen.	Ihr Vater ist im Krankenhaus.
Sie hatten einen langen Arbeitstag.	Ein obszöner Anruf erreicht Sie.
Sie hatten einen Auffahrunfall.	Ihr Partner macht Ihnen einen Heiratsantrag.

Weitere Einsatzmöglichkeiten

Introspektion und persönliche Entwicklung

Quelle

Überlieferung

Übung 47: Die Emotionsmaschine

Ziel der Übung
Auf lockere Art in das Thema „Emotionen zeigen“ einführen.
In effektiver Art Teil eines größeren Ganzen sein.

Das wird benötigt
Eine leere Bühne

Dauer der Übung
15 Minuten

Beschreibung
- Basis dieser Übung ist eine Übung mit dem Namen „Die Maschine“. Der Trainer gibt folgende Einführung: „Eine Person fängt mit einer Bewegung an, die sich immer wieder wiederholen lässt. Die Bewegung kann auch mit einem Laut kombiniert werden. Person 2 schließt sich mit einer Bewegung an, die den nächsten Teil der Maschine darstellt. Am Schluss machen alle Anwesenden mit.“ Der Trainer kann die Maschine schneller werden lassen und zum Überhitzen bringen, bis sie schließlich auseinanderbricht.
- Diese Übung ist ein guter Einstieg für die Übung „Emotionsmaschine“, bei der nun jedes Einzelteil aus einer dargestellten Emotion besteht: ein Seufzer der Erschöpfung, ein Freudensprung, ein aggressiver Hammerschlag, usw.

Weitere Einsatzmöglichkeiten
Teambuilding
Abschlussübungen

Quelle
Überlieferung

Übung 48: Bühne frei!

Ziel der Übung
Die Interaktion in der Gruppe anregen.
Für eine positive Arbeitsatmosphäre sorgen.
Mit dem Ausdruck der eigenen Emotionen experimentieren.
Sich auf kreative Weise mit Missverständnissen und mit Momenten der effektiven Kommunikation auseinandersetzen.

Das wird benötigt
Eine leere Bühne

Dauer der Übung
20 bis 30 Minuten

Beschreibung
- Es gibt unendlich viele Möglichkeiten, die Übung „Bühne frei!“ zu gestalten. Auch für die Nachbesprechung gibt es zahlreiche unterschiedliche Anknüpfungspunkte und Perspektiven. Unter „Varianten“ finden Sie dazu einige Beispiele, wobei ich mich auf solche Varianten beschränke, die als Warm-up zu nutzen sind.
- Das Basisprinzip ist einfach. Die Teilnehmer sitzen wie ein Publikum in einer oder zwei Reihen vor der leeren Bühne. Von der Seite aus wird „auf die Bühne gesprungen“. Sobald man auf der Bühne ist, wird eine Rolle gespielt. Andere springen hinzu und es entsteht eine freie Improvisation. Diese dauert höchstens ein paar Minuten. Es empfiehlt sich, die Teilnehmerzahl auf drei zu beschränken, sonst wird das Spiel unübersichtlich. Zwingend erforderlich ist das aber nicht. Auch eine ganze Gruppe kann gleichzeitig „Bühne frei!“ spielen.
- Ein bereits laufendes Spiel kann eine neue Wendung bekommen, wenn die Spielregel gilt, wenn Nummer vier ins Spiel kommt, muss Nummer eins einen Grund finden, die Bühne zu verlassen. Das Spiel kann auch vom Trainer gestoppt werden, wenn keine Entwicklung mehr stattfindet.
- Für dieses Improvisationsspiel gilt folgende Grundregel: Was gesagt wird, ist wahr. Wenn A sagt: „Kalt ist es nachts im Wald, nicht wahr?“, kann B nicht sagen: „Aber ich liege am Strand in der Sonne!“ Das ist die Reinform des Spiels ohne sonstige Struktur. Weniger erfahrene Gruppen brauchen mehr Anknüpfungspunkte. Erfahrene Gruppen oder Gruppen mit einem klaren Ziel können sich aus den Varianten etwas Passendes auswählen.
- Der Trainer regt zwischendurch an, auch einmal ohne Worte zu spielen oder mehr Wagnis ins Spiel zu bringen oder den ganzen Raum zu nutzen oder schneller auf die Bühne zu hüpfen oder umgekehrt den Sprung hinauszuzögern usw.

- Das Thema für die Nachbesprechung kann vom Trainer festgelegt werden. Die genannten Ziele der Übung können eine Richtschnur sein. Es sollte aber immer Raum für eine erste Reaktion der Darsteller/Spieler und (dann) des Publikums geben.

Variante 1
Festgelegte/Definierte Location. Die Darsteller/Spieler entscheiden vorab, an welchem Ort das Spiel stattfinden soll: auf einem Schiff, am Nordpol, in einem Schloss, in der Kantine einer Firma, auf einer Feier, usw.

Variante 2
Festgelegte Themen: Kontakt zwischen Menschen, die sich nicht kennen, Streit, Langeweile, Aufstand, Prahlen, Grenzen, usw.

Variante 3
Rollen auf Karten (wer auf die Bühne will, nimmt sich vorher eine Karte von einem bereitgelegten Stapel und findet darauf seine Rolle): Straßenbahnschaffner, König, Professor, Direktor, achtjähriges Kind, Obdachloser usw.

Variante 4
Emotionen von der Karte (wer auf die Bühne will, nimmt sich vorher eine Karte von einem bereitgelegten Stapel und hält sich während des Spiels an die darauf geschriebene Emotion oder Stimmung): traurig, gereizt, erleichtert, in Panik, ängstlich, eingebildet, sich einschleimend, usw.

Variante 5
Mit Gegenstand: Aus einem Angebot von Gegenständen wählen die Teilnehmer einen aus, welchen sie mit auf die Bühne nehmen. Entweder der Trainer hat den Gegenstand mitgebracht oder die Gegenstände wurden im Seminarraum zusammengetragen: ein Buch, eine Regenjacke, eine Tasse, Filzstifte, eine Tasche, Schuhe, ein Umhang, ein Koffer, eine Brille, ein Springseil, ein Telefon, ein Hut, eine Pistole usw.

Variante 6
Emotionswechsel: Die Bühne wird in vier Zonen unterteilt, die jeweils für eine bestimmte Emotion stehen (Angst, Wut, Freude, Trauer). Sobald ein Spieler eine der Zonen betritt, fühlt er sich in die entsprechende Emotion hinein und spielt diese Emotion. Die Emotionen können weiter unterteilt werden. Wut kann bedeuten: leicht gereizt, bockig, böse, aggressiv, wutentbrannt, zynisch, aufsässig usw.

Weitere Einsatzmöglichkeiten
Spontanität und kreatives Denken und Handeln
Konfliktmanagement
Teambuilding
Abschlussübungen

Quelle
Überlieferung

6 Spontanität und kreatives Denken und Handeln

Wenn im Zirkus zwei Clowns auftreten, sind die Rollen klar verteilt. Einer der Clowns ist immer der sogenannte Weißclown. Er ist vernünftig und macht schöne Dinge. Er ist ausgeglichen, er hat die Kontrolle und er besitzt viele Talente und Fähigkeiten. So beherrscht er entweder Akrobatik oder spielt hervorragend Saxophon. Der zweite Clown ist der dumme August, der die wunderbaren Gaben und Fähigkeiten des Weißclowns kurzerhand demontiert, und zwar ohne sich groß Gedanken darüber zu machen. Er folgt immer seinem ersten Impuls. Worte rutschen ihm versehentlich aus dem Mund, andere Menschen rennt er über den Haufen und hat bei alledem einen Riesenspaß. Allerdings kann er auch tieftraurig sein, wenn er wieder einmal wegen einer dummen Aktion Prügel einstecken muss. Die Tränen kullern ihm über die Wangen.

Es hat eine besondere Bewandtnis mit der Rolle dieses dummen August. In einer Zirkusnummer sind seine sogenannten spontanen Aktionen genauso einstudiert wie die des Weißclowns. Vor dem Publikum spielt er die Rolle des Unbedarften, um ihm etwas vor Augen zu führen, vielleicht, wie wichtig es ist, Spaß zu haben oder wie hilfreich es sein kann, die Welt durch die Augen eines Kindes zu sehen, unbefangen und offen für neue Einsichten zu sein. Es kann sich lohnen, selbst ab und zu in die Rolle des dummen August zu schlüpfen.

In den üblichen Sitzungen und Besprechungen treffen Sie nur auf Weißclowns. Versuchen Sie einmal bei der erstbesten Gelegenheit, Ihre Kollegen folgendermaßen zu sehen: im Satinanzug mit einer weißen Zipfelmütze und schwarzem Bommel, das Gesicht weiß geschminkt mit einer hoch angesetzten schwarzen Augenbraue. In dem Moment, in dem Sie sich das vorstellen, begeben Sie sich bereits in die Rolle des dummen August. Denn Sie werden das Verhalten Ihrer Kollegen ein paar Sekunden lang nicht mehr ernst nehmen können. Sie werden es relativieren und vielleicht sogar Lust bekommen, über ihr Verhalten zu spotten.

Die Aktionen des dummen August erweisen sich dann als sinnvoll, wenn Sie merken, dass das Team, die Trainingsgruppe oder die gesamte Organisation in den alten Mustern feststecken, wenn neue Ideen nur Neuauflagen des Altbekannten sind. Wenn Sie schon wissen, was dieser oder jener Kollege zum Besten geben wird, bevor er angefangen hat zu reden. Sie wissen auch, dass Sie selbst wieder in dieselbe Rolle verfallen werden. Stillstand ist Rückschritt. Die Zeit für frische Ansätze ist da.

„Seien Sie spontan“ ist als Aufforderung so bekannt wie paradox. „Ich bin eben nicht so kreativ“ wird oft als Einwand gebracht. In Wirklichkeit ist es so, dass Spontanität und Kreativität durchaus entwickelt werden können. Natürlich nicht, indem man jemandem sagt, er solle spontan oder kreativ sein, sondern indem ein Mensch lernt, offen zu sein für seine Einfälle und den Mut entwickelt, Impulsen zu folgen. Der Trainer ist bei den Warm-ups, die in diesem Kapitel vorgestellt werden, mehr in der Rolle des Verführers als in der des Lehrers. Man könnte auch sagen, er ist selbst fast ein Clown.

Übung 49: Aber Großmutter ...

Ziel der Übung
Offenheit für Aufträge und Einfälle von anderen entwickeln.
Lernen, spontan auf einen anderen Einfall umschwenken zu können.

Dauer der Übung
20 Minuten

Beschreibung
- Die Gruppe steht im Kreis. Der Trainer wendet sich seinem Nachbarn im Kreis zu: „Ich werde Sie gleich in einer Rolle ansprechen, die ich mir für Sie ausgedacht habe. Ich möchte Sie bitten, die Rolle nicht abzulehnen, sondern aus dieser Rolle heraus zu reagieren. Wir spielen dieses Spiel etwa eine Minute lang."
- Nach der kurzen Erklärung schreitet der Trainer zur Tat: „Sag mal, Großmutter, was hast du bloß für große Ohren!" (oder etwas anderes natürlich). Es entspinnt sich ein kurzes Spiel – das kann lustig sein oder uninspiriert, das tut nichts zur Sache. Es geht darum, dass das Rollenangebot vom Teilnehmer akzeptiert wird. Akzeptiert er es nicht, beendet der Trainer das Spiel und korrigiert den Teilnehmer auf spielerische Weise.
- Der Trainer beendet das Spiel und bittet seinen Nachbarn nun seinerseits, seinen Nebenmann in einer bestimmten Rolle anzusprechen. Er sagt zum Beispiel: „So, und jetzt wirst du endlich mal dein Zimmer aufräumen, Johannes."
- Dieses Spiel wird einmal im Kreis herum gespielt. Der Trainer weist die Teilnehmer nach ein paar Spielsequenzen darauf hin, dass sie sich nicht schon vorab etwas überlegen sollen. Sie sollen lieber die vorgeführten Improvisationen genießen und darauf vertrauen, dass ihnen spontan etwas einfallen wird, wenn sie an der Reihe sind.

Weitere Einsatzmöglichkeiten
Interaktion

Quelle
Überlieferung

Übung 50: Was machen Sie denn da …?

Ziel der Übung

Lernen, der ersten Assoziation zu folgen.
Lernen, den Wunsch, einzigartig oder besonders zu sein, loszulassen. Dadurch entstehen die besten Ideen.
Ungewöhnliche Vorschläge/Ideen von anderen akzeptieren und ihnen folgen.

Dauer der Übung

20 Minuten

Beschreibung

- Diese Übung stammt aus einem Clownskurs. Die Gruppe wird in zwei Hälften geteilt: A und B. Der Trainer erklärt das Spiel und demonstriert es sogleich mit einem Teilnehmer:
  A (der Trainer) gibt vor, etwas zu tun, zum Beispiel die Decke zu streichen. (Der Trainer führt das vor.)
  B (der Teilnehmer) fragt: „Was machen Sie denn da?“ (Der Trainer fordert den Teilnehmer auf, ihn das zu fragen.)
  A sagt nun etwas anderes als das, was er tatsächlich macht, zum Beispiel: „Ich lese die Zeitung.“ (Der Trainer sagt es und streicht weiter die Zimmerdecke.)
  B verhält sich so, als würde er Zeitung lesen (Der Trainer bittet B, diese Handlung auszuführen.)
  A fragt: „Was machen Sie denn da?“ (Der Trainer stellt die Frage.)
  B sagt nun etwas anderes als das, was er tatsächlich macht, zum Beispiel: „Ich präsentiere ein neues Produkt.“
  A tut so, als würde er ein neues Produkt präsentieren.
  Und so weiter.

- Der Trainer lässt nun alle Teilnehmer gleichzeitig diese Übung ausführen, und zwar einige Minuten lang und mit zunehmendem Tempo. Der Druck wächst, die Teilnehmer wollen kreativ bleiben (immer wieder mit etwas Neuem kommen); es ist jedoch fast nicht zu schaffen, die Kreativität geht dabei verloren. Der Trainer regt an, gerade nicht zu versuchen, kreativ zu sein. Nach einigen Wiederholungen nimmt das bewusste Antizipieren (von immer neuen Ideen) ab und es entsteht Kreativität.
- Es ist vorteilhaft, wenn der Trainer die Übung schon einmal in einer Gruppe selbst erlebt hat, sonst ist es gar nicht so einfach, sie zu erklären. Wenn man das Prinzip verstanden hat, geht es wie von selbst.
- Bei dieser Übung wird meist viel gelacht. Das ist in Ordnung.

Weitere Einsatzmöglichkeiten
Interaktion

Quelle
Überlieferung

Übung 51: Die Schreibmaschine

Ziel der Übung
Sich nicht endlos abmühen, sondern sich bereit erklären, eine Idee loszulassen und neu anzufangen.
Den Ideen anderer Menschen folgen lernen.

Das wird benötigt
Ein Stuhl und eine Bühne

Dauer der Übung
30 Minuten

Beschreibung
- Am Bühnenrand steht ein Stuhl. Die Gruppe sitzt in einer oder zwei Reihen vor der Bühne. Der Trainer lädt eine Person ein, sich auf den leeren Stuhl auf der Bühne zu setzen: „Wer von Ihnen möchte einmal sein kreatives Schreibtalent ausprobieren?" Der Freiwillige setzt sich auf den Stuhl; Sie, der Trainer, überreichen ihm eine imaginäre Schreibmaschine, die auf einen imaginären Tisch gestellt wird. Bitten Sie den Teilnehmer, eine Geschichte aufzuschreiben, die er in der Situation laut produziert. Wenn er nicht mehr weiterweiß, wenn er eine Schreibblockade bekommt, wirft er das Papier weg, dreht ein neues Blatt in die Maschine und fängt eine andere Geschichte an. Er darf so oft neu anfangen, wie er möchte. Es ist besser, neu anzufangen, als zu lange nachzudenken.
- Die übrigen Teilnehmer sind eingeladen, das, was der Schriftsteller produziert, direkt auf der Bühne zu spielen. Der Trainer gibt eine Vorstellung von beiden Rollen. Er tippt und sagt laut in der Geschwindigkeit des Tippens: „Der Bauer ging aufs Feld", erhebt sich von seinem Stuhl, geht auf die Bühne und gibt den Bauern auf dem Feld. Die Teilnehmer spielen nicht nur alle Figuren, sondern auch alle Gegenstände, die Tiere, Naturphänomene usw. Wenn der Schriftsteller eine Sache beendet und sein Blatt Papier in den imaginären Papierkorb wirft, gehen die Mitwirkenden zurück ins Publikum. Die nächste Geschichte folgt.
- Die Rolle des Schriftstellers kann von mehreren Teilnehmern gespielt werden. Der Trainer animiert die Schriftsteller oft neu anzufangen. Anfangs spielt er selbst auch mit und er animiert gleichzeitig andere Teilnehmer, schnell einzuspringen, wenn eine neue Rolle besetzt werden musst.

Weitere Einsatzmöglichkeiten
Führung

Quelle
Hofman, H. (2001)

Übung 52: Monolog oder Zweiergespräch?

Ziel der Übung
Kreativität einsetzen ohne Verantwortung für den weiteren Verlauf übernehmen zu müssen.

Dauer der Übung
20 Minuten

Beschreibung
- Der Trainer bittet zwei Teilnehmer auf die Bühne und erklärt das Spiel: „Es gibt einen Erzähler und einen Zuhörer. Der Erzähler berichtet über eine Sache, die er (angeblich) erlebt hat. Aber jedes Mal fällt ihm ein Wort, das er verwenden möchte, nicht ein: ‚Vor kurzem ging ich auf ... äh ...' Der andere ergänzt das Substantiv, das vermutlich gemeint war (er lässt sich spontan etwas einfallen): ‚Ihren Balkon?' ‚Ja, genau', sagt der Erzähler (er verneint nie) und fährt mit seiner Geschichte fort: ‚Und von oben fiel ein Blumentopf auf ... äh ...' ‚Ihren Kopf?' ‚Ja, und deshalb kam ich ins Straucheln und stürzte vom Balkon. Ich fiel genau in ... äh ...' ‚den Teich?' ‚Ja, ...' usw.“.
- Die Gruppe denkt sich paarweise Geschichten aus. Der Trainer animiert die Mitwirkenden, vor allem ihre ersten Einfälle zu nennen.

Weitere Einsatzmöglichkeiten
Interaktion

Quelle
Theatersport

Übung 53: Die Kettengeschichte

Ziel der Übung
Die Dinge nicht vorwegnehmen, so kann Kreativität entstehen.

Dauer der Übung
30 Minuten

Beschreibung
- Die Teilnehmer sitzen auf dem Boden im Kreis und zwar mit den Rücken einander zugewandt oder sie liegen auf dem Rücken mit den Köpfen in der Mitte. Der Trainer erklärt: „Wir denken uns gemeinsam eine Geschichte aus. Wir einigen uns zuerst auf den Ort, an dem die Geschichte stattfinden soll (in einem Iglo, am Fuß eines Berges usw.), dann fängt jemand an, einen ganzen Satz oder einen Satzteil zu sagen, zum Beispiel: ‚Die Eskimo-Großmutter nahm ihre Brille in die Hand.' Der Nachbar rechts vom Erzähler setzt die Geschichte fort: ‚Schnell krabbelte ihr Enkel ...' Der Nächste: ‚... zur verbotenen Lektüre.' Nummer vier: ‚Die Großmutter sah, dass er das Blatt unter seine Pelzjacke steckte.' usw."
- Manchmal entsteht auf diese Weise eine hübsche Geschichte. Manchmal endet es im Nichts. Es ist gut, dieses Spiel mehrere Male zu üben. Fangen Sie einfach immer wieder neu an und wählen Sie einen anderen Ort.
- Der Trainer regt an, die Geschichte mit jedem Beitrag wirklich voranzubringen und nicht zu verzögern.
- So lieber nicht: A: „Was hat der Jäger gesehen?" B: „Das war ihm noch nicht ganz klar ..." C: „Aus der Ferne schien etwas näher zu kommen." D: „Nein, doch nicht."
- Gerne so: A: „Was hat der Jäger gesehen?" B: „Ein Reh stand direkt vor ihm." C: „Er nahm sein Gewehr und schoss."

Weitere Einsatzmöglichkeiten
Teambuilding

Quelle
Überlieferung

Übung 54: Dreißig Sekunden

Ziel der Übung
Den Kern einer Geschichte erfassen.
Spontanes Handeln fördern.

Das wird benötigt
Eine Stoppuhr

Dauer der Übung
30 Minuten

Beschreibung
- Der Trainer bittet drei oder vier Personen auf die Bühne. Die anderen Teilnehmer überlegen sich für die Spieler einen Spielort und entweder die Art der Beziehung, die sie zueinander haben oder einen Beruf, den sie teilen (zum Beispiel Schwestern, die zur Feier eines 40. Ehejubiläum zusammenkommen oder Feuerwehrmänner bei einem brennenden Haus).
- Die Spieler spielen nach diesen Vorgaben eine freie Improvisation von 30 Sekunden. Der Trainer achtet penibel auf die Zeit. Nach 20 Sekunden kann er mitteilen, dass noch 10 Sekunden Spielzeit vorhanden sind.
- Die Spieler spielen dieselbe Szene noch einmal, aber in nur 15 Sekunden. Dann spielen sie dieselbe Geschichte in 7,5 Sekunden. Schließlich wird die Szene in drei Sekunden gespielt. Der Effekt der Zeiteinschränkung ist, dass am Ende die Essenz der Szene übrigbleibt.

Variante/Fortsetzung
Dasselbe Spiel kann auch anhand einer wahren Geschichte gespielt werden. Die Spieler üben dabei, den Kern eines Sachverhalts herauszufiltern.

Kontraindikation
Teilnehmer ohne Erfahrung im Theaterspielen oder ohne Lust zum Theaterspielen.

Quelle
Theatersport

Übung 55: Der Buchstabe L

Ziel der Übung
Unter Zeitdruck kreative Alternativen finden.
Unter Zeitdruck keine Fehler machen.
Über diese Dinge lachen!

Das wird benötigt
Zwei mittig platzierte Stühle und zwei Stuhlreihen dahinter.

Dauer der Übung
5 bis 10 Minuten

Beschreibung
- Der Trainer stellt zwei Stühle auf die Bühne, die sich gegenüberstehen. Er erklärt vorab nicht, worum es bei diesem Spiel geht. Die Gruppe wird in zwei Hälften aufgeteilt. Eine Gruppe darf auswählen, ob sie lieber Direktor oder Bewerber spielen möchten. Die zweite Gruppe bekommt die andere Rolle. Die gesamte Gruppe beantwortet die Frage, um welche Position sich der Kandidat bewirbt.
- Von jeder Gruppe setzt sich eine Person auf einen der Stühle. Es sitzen sich also eine Person der Direktorengruppe und eine Person der Bewerbergruppe gegenüber. Der Trainer erklärt: „Sie führen nun ein ganz normales Bewerbungsgespräch, allerdings mit einem kleinen Handicap: Der Buchstabe L darf nicht ausgesprochen werden. Das heißt, alle Wörter, in denen ein L vorkommt, müssen durch ein Wort ohne L ersetzt werden. Sollten Sie sich dennoch einmal irren, verlassen Sie Ihren Platz und die nächste Person aus Ihrer Gruppe setzt sich auf den Stuhl und übernimmt das Bewerbungsgespräch. Die Gruppe, die als erste alle Mitglieder auf dem Stuhl hatte, hat verloren.
- Spielregeln:
  - Wir sprechen ein ganz normales Deutsch, also kein gebrochenes Deutsch.
  - Mehr als 3 Sekunden Stille bedeutet ebenfalls: Platz verlassen.
  - Wenn Sie jemandem nachfolgen, greifen Sie das Gespräch dort auf, wo es zuletzt geendet hatte.
  - Sie antworten normal auf Fragen. Eine Antwort in der Form einer Gegenfrage ist nicht zulässig.
  - Der Trainer ist zugleich Schiedsrichter.
- Natürlich handelt es sich bei diesem Warm-up einmal mehr um eine spielerische Heranführung. Die Darbietung wird oft sehr lustig. Manche Teilnehmer sind nach wenigen Sekunden draußen, andere halten minutenlang durch. Es geht nicht darum, wer der Beste ist. Es geht vielmehr darum, in kurzer Zeit die Kreativität der Teilnehmer abzurufen und sie aufzufordern, diese Kreativität und Spontanität auch im weiteren Verlauf dieser Veranstaltung aufrechtzuerhalten.

Kontraindikation

Dieses Spiel ist nicht geeignet, wenn eine ruhige, konzentrierte Fortsetzung des Warm-ups geplant ist. Ausnahme: Eine Gruppe kann eventuell ihre überschüssige Energie auf diese Weise loswerden. Dann kann die Übung dazu beitragen, dass es hinterher still wird.

Weitere Einsatzmöglichkeiten

Fokussieren

Quelle

Theatersport

7 Führung

Nelson Mandela hat bei einem Vortrag einmal folgende Anekdote über sich selbst erzählt. Bei einem Urlaub macht er eine Wanderung und begegnet einem Mann und einer Frau. Der Mann sagt: „Schau, Nelson Mandela." Die Frau antwortet: „Wer ist das?" „Nelson Mandela" sagt der Mann wieder. „Ja, aber weswegen ist er bekannt?" „Nelson Mandela!" ruft der Mann jetzt verzweifelt aus. Die Frau, inzwischen gereizt, weil sie keine Antwort von ihrem Mann bekommt, richtet sich an Nelson Mandela und fragt: „Weswegen sind Sie so berühmt?" Mandela richtet sich an seine Zuhörer und sagt: „Das kann ich Ihnen wirklich nicht beantworten."

Über Kofi Annan, den ehemaligen Generalsekretär der Vereinten Nationen, wird die folgende Geschichte erzählt. Mitten in einer Besprechung mit verschiedenen Staats- und Regierungschefs steht er auf und entschuldigt sich für einen Moment. Er verlässt den Raum und kommt nach zehn Minuten zurück. Als er später gefragt wird, was er denn in der Zeit gemacht habe, antwortet Kofi Annan: „Meine Sekretärin hat heute Geburtstag. Ich habe sie eben angerufen, um ihr zu gratulieren."

Zwei große Anführer, die von zahlreichen Menschen auf Händen getragen werden, nicht nur wegen ihrer Taten, sondern auch wegen ihrer Haltung. Sie sind, in meiner Wahrnehmung, bescheiden geblieben und begegnen allen Menschen, mit denen sie zu tun haben, mit Respekt. Anders gesagt: Sie haben das Zwischenmenschliche genauso im Blick wie das Inhaltliche. Für andere ist es deshalb eine Freude, ihnen zu folgen, sie als Anführer zu akzeptieren.

Die meisten Warm-ups, die in diesem Kapitel vorgestellt werden, haben etwas mit der Beziehung zwischen Führungskräften und ihren Mitarbeitern zu tun. Wie kann man eine Führungsposition so gestalten, dass man in der Rolle akzeptiert wird? Wie schafft man es, sich umeinander zu kümmern? Außerdem wird deutlich, dass es sich um Rollen handelt, die immer nur in spezifischen Situationen Gültigkeit haben. Wie im Film „The Wall" von Pink Floyd: Der autoritäre Lehrer, der seine Schüler durch den Fleischwolf dreht, um sie unter Kontrolle zu halten, steht zu Hause bei seiner Frau unter dem Pantoffel. Wenn die Einsicht heranreift, dass Führungskräfte und Mitarbeiter ein Spiel miteinander spielen, das zu effektivem Arbeiten führt, wird es einfacher, die eigene Rolle anzunehmen und somit die Verantwortung einer Führungskraft zu übernehmen oder geduldig das auszuführen, was einem aufgetragen wird.

Übung 56: Spiegeln

Ziel der Übung
Lernen, aufmerksam zu führen und zu folgen.
Die Konzentrationsfähigkeit steigern.
Das Denken loslassen, das Gewahrsein stärken.

Dauer der Übung
20 bis 30 Minuten

Beschreibung
- Die Gruppe wird in zwei Hälften geteilt, die sich im Seminarraum verteilen und sich am Ende gegenüberstehen sollen. Der Trainer macht die Übung mit einem Teilnehmer vor. In Zeitlupe beginnt er eine Bewegung mit dem Arm und der Hand vorzuführen. Er bittet den Teilnehmer, der Bewegung zu folgen. Angestrebt wird die „Gleichzeitigkeit" der Bewegung und nicht das Nachahmen. Deshalb achtet der Trainer darauf, dem Teilnehmer die Möglichkeit zu bieten, gleichzeitig die Bewegung auszuführen. Wenn es klappt, kommen weitere Gliedmaßen hinzu, bis schließlich der gesamte Körper in Bewegung ist. Das Paar kann sich außerdem zugleich im Raum bewegen.
- Alle Paare führen nun die Übung aus. Der Trainer schaut den Übenden genau zu, er achtet insbesondere darauf, ob derjenige, der die Bewegung beginnt, den anderen, der ihm folgt, genau im Blick hat.
- Dieselbe Übung wird noch einmal ausgeführt, mit getauschten Rollen.

Variante
Siehe Übung 21 (Eins sein mit seinem Gegenüber)

Weitere Einsatzmöglichkeiten
Fokussieren

Quelle
Überlieferung

Übung 57: König – Diener

Ziel der Übung

Einleitung in das Thema „Führung".
Hervorheben der wechselseitigen Abhängigkeit von Führenden und Geführten.
Verdeutlichen, dass die Rollen von Führenden und Geführten nichts über Machtverhältnisse in Beziehungen aussagen.

Das wird benötigt

Eine leere Bühne und eine Publikumsaufstellung.
Ein Stuhl auf der Bühne, vorzugsweise erhöht positioniert.

Dauer der Übung

30 Minuten

Beschreibung

- Der Trainer setzt sich auf den Stuhl und erklärt, der Stuhl sei ein Thron. Die Übung verläuft folgendermaßen: Der König wird seinen Platz auf dem Thron einnehmen. An jeder Seite steht ein Diener. Es folgt eine Arbeitsbesprechung. Die Arbeiten des letzten Tages und der kommenden Tage werden durchgenommen. „Haben Sie die Einladungen für den königlichen Ball verschickt?" „Nein, mein Herr, ich bin noch nicht dazu gekommen." „Weshalb?" „Ich musste alle Fliesen in Ihrem Palast auf Hochglanz bringen." Auch die beiden Diener können miteinander sprechen.
- Spielregeln:
  - Die Diener dürfen die Grenzen ihrer Macht ausloten. Nur, wenn ihr Verhalten dem König missfällt, darf er sie entlassen. Er muss dann die Worte: „Sie sind entlassen" aussprechen. Der entlassene Diener sucht sich daraufhin einen Platz im Publikum und der König wählt einen neuen Diener aus dem Publikum aus.
  - Alle möglichen Arbeiten des gestrigen Tages sowie der kommenden Tage können besprochen werden, es handelt sich aber immer um eine Arbeitsbesprechung. Es wird nichts direkt ausgeführt.
- Kurze Nachbesprechung. Wie war es? Welche Rolle hat wem gut gefallen, welche nicht und warum? Wie war es, jemanden zu entlassen, beziehungsweise entlassen zu werden?

Entwickelt von

Henk Hofman, Kernconsult

Übung 58: Lebende Puppe

Ziel der Übung

Erfahrungen in Bezug auf sehr ausgeprägtes Führen und Geführt-Werden sammeln.
Der Führungskraft Vertrauen schenken.
Entgegengebrachtes Vertrauen nicht beschädigen.

Das wird benötigt

Ein leerer Seminarraum

Dauer der Übung

30 Minuten

Beschreibung

- Der Trainer gibt folgende Einführung: „Manchmal kann man als Führungskraft das Gefühl haben, ständig an allen Fäden der Marionette ziehen zu müssen, oder, umgekehrt, in der Rolle des Geführten/des Untergebenen, jemand ziehe ständig an allen Fäden. In dieser Übung wollen wir das einmal buchstäblich darstellen. Wir werden alle gemeinsam in Zweiergruppen die Übung ausführen. Suchen Sie sich einen Mitspieler, dem Sie vertrauen und suchen Sie sich einen Platz im Raum. Wir werden mit unterschiedlichen Puppentypen experimentieren. Ich werde jeweils ansagen, um welche Art von Puppe es geht und jeweils – zusammen mit einem Teilnehmer – eine Demonstration geben. Wenn ich dann sage: ‚Wechsel', wird die andere Person die Puppe." Die Übung dauert pro Spiel ungefähr drei Minuten.
  Puppenarten:
  - Eine Metallpuppe, aus der Ferne zu bedienen mit einer stark vergrößerten Fernbedienung.
  - Eine flexible Schneiderpuppe mit Scharnieren, die stehen und sitzen, aber nicht gehen kann.
  - Eine weiche Puppe.
  - Eine Computerpuppe mit einem eigenen Programm.
  - Eine Bauchrednerpuppe.
- Kurze Nachbesprechung jeweils zu zweit und eine kurze Nachbesprechung aller Beteiligten, stehend im Kreis.

Kontraindikation

Eine Anfängergruppe oder Gruppen mit starkem Widerstand oder großer Ängstlichkeit.

Weitere Einsatzmöglichkeiten
Vertrauen und Zusammenhalt

Quelle
Überlieferung

Übung 59: Eine Runde drehen

Ziel der Übung
Annäherung an das Thema „Führung".
Energie nach dem Frühstück, Mittagessen oder der Pause tanken.

Das wird benötigt
Angenehme Umgebung zum Spazierengehen.

Dauer der Übung
30 Minuten

Beschreibung
- Die Gruppe geht ca. 20 Minuten lang spazieren. Die Teilnehmer dürfen nicht miteinander sprechen. Der Trainer geht anfangs vorneweg und lässt sich dann in die Gruppe zurückfallen.
- Nach der Rückkehr wird im Seminarraum darüber gesprochen: Wer ging ganz vorne? Wie war das? Haben Sie sich leicht führen lassen? Hätten Sie vorne gehen wollen? Was hat Sie davon abgehalten? Was von diesen Erfahrungen finden Sie in der Gruppe oder in Ihrer Arbeit wieder?

Weitere Einsatzmöglichkeiten
Körperaktivierende Übung

Quelle
Überlieferung

Übung 60: Status

Ziel der Übung
Die Erkenntnis entwickeln, dass Funktion und Macht nicht zwingend zusammengehören.
Mit der Übernahme von Statusrollen experimentieren.

Das wird benötigt
Ein leerer Seminarraum
Ein Stuhl für je drei Personen

Dauer der Übung
30 Minuten

Beschreibung
- Die Gruppe wird in Dreiergruppen aufgeteilt. Jede Gruppe sucht sich einen Platz im Raum und erhält einen Stuhl. Der Trainer erklärt, dass nicht die Funktion, sondern die Art und Weise, wie jemand anderen begegnet, bestimmt, wer die Macht hat. Zur Verdeutlichung führt der Trainer den Begriff „Status" ein, ein Begriff aus dem Theatersport. Ein Mensch kann einen hohen Status besitzen: er nimmt viel Raum ein, macht sich buchstäblich groß, spielt den Chef, besitzt eine laute Stimme usw. Ein anderer mit weniger Status zeigt ein völlig anderes Verhalten: er nimmt wenig Raum ein, macht sich klein, verhält sich unterwürfig, hat eine weniger tragfähige Stimme. Alle Gruppen spielen gleichzeitig. Das Spiel dauert nur kurz.

  Spiel 1: Ein Schuhverkäufer mit einem niedrigen Status trifft auf einen Kunden mit hohem Status. Der Kunde ist nicht zufrieden mit dem Angebot und möchte immer weiter Schuhe anprobieren. Die dritte Person in der Gruppe beobachtet, ob die Rollen konsequent ausgeführt werden.

- Es wird eine Minute in den Kleingruppen über die Übung gesprochen. Dann bittet der Trainer darum, dieselbe Situation noch einmal zu spielen: Die Spieler behalten ihre Rollen, der Kunde ist wieder schwer zufriedenzustellen, aber der Status ist jetzt anders. Der Schuhverkäufer hat einen hohen Status, der Kunde einen niedrigen. Die Gruppen haben wieder eine Nachbesprechungszeit von einer Minute und dann fragt der Trainer im Plenum, was bei den beiden Spielrunden aufgefallen ist.
- Zwei andere Spieler in jeder Gruppe spielen das folgende Spiel:

  Spiel 2: Es spielen: ein Direktor mit hohem Status und ein Mitarbeiter mit einem niedrigen Status. Der Mitarbeiter soll beim Direktor vorsprechen. Er bekommt zu hören, dass er im Zusammenhang mit einer Umstrukturierung entlassen wird. Er kam als Letzter zur Firma und muss deshalb als Erster gehen.

- Es folgt wieder eine kurze Nachbesprechung und dann wird dieselbe Situation noch einmal gespielt, aber jetzt mit veränderter Statusverteilung: der Vorgesetzte hat einen niedrigen Status, der Mitarbeiter einen hohen.
- Der Schritt hin zum bevorzugten persönlichen Status kann mithilfe desselben oder eines anderen Spiels gemacht werden, ohne dass vorher der Status der Akteure festgelegt wird. Der Beobachter erkundet, was mit dem Status zwischen den beiden Spielern geschieht.
- Eventuell folgt hier ein kurzes Gespräch darüber, wie Menschen ihren Status in Arbeitssituationen einsetzen.

Weitere Einsatzmöglichkeiten

Introspektion und persönliche Entwicklung

Quelle

Hofman, H. (2001)

8 Konfliktbewältigung

Es soll einen Spielfilm über einen schlafenden Mann geben, der von der ersten Filmminute bis zum Schluss tatsächlich nur schläft. Ich frage mich, wie viele Zuschauer dabei ebenfalls eingeschlafen sind. Erfolgreiche Filme drehen sich im Kern immer um einen Konflikt, um eine Situation, in der der Held Schwierigkeiten meistern muss. Die Zuschauer verfolgen gerne, wie die Filmfiguren die Herausforderung annehmen. Sie identifizieren sich gerne mit dem Helden.

In der Realität ist der Umgang mit Konflikten deutlich schwieriger. Oft gehen wir den Konflikten aus dem Weg oder tun so, als ob sie gar nicht vorhanden wären. Wir sprechen dann lieber von Meinungsunterschieden oder lenken das Gespräch auf unwichtige Dinge. Es gibt auch Menschen, die ständig Konflikte aufsuchen, als könnten sie nicht ohne auskommen. Der Satz „Damit bin ich nicht einverstanden" ist dann oft zu hören.

Am Arbeitsplatz wird, solange alles eitel Sonnenschein ist, gern davon gesprochen, dass ein Konflikt von Zeit zu Zeit seine Berechtigung hat und die Beteiligten weiterbringen kann. Konflikte bereinigen die Luft, bringen neue Aspekte ins Spiel, definieren Positionen und ermöglichen Veränderung in der Abteilung, dem Unternehmen oder der Organisation. Wenn der Konflikt dann tatsächlich da ist und wenn man sich persönlich betroffen fühlt, wünschen sich viele, es gäbe den Konflikt nicht. In der Situation ist man nicht mehr der Held aus dem Spielfilm. Die Spannung wächst, es muss zur Konfrontation kommen. In einem Training wird die Konfrontation künstlich, anhand von Fällen aus der Praxis, erzeugt.

Ein Training zum Thema „Konfliktbewältigung" hat zum Ziel, den Teilnehmern dabei zu helfen, Konflikte effektiv zu lösen. Dafür wird das Thema aus allen Perspektiven betrachtet und es werden viele Instrumente eingesetzt: die Konfliktanalyse (worum geht es eigentlich?), Konfliktbewältigungsstrategien (wie kann man effektiv kämpfen?), Lösungsstrategien (ein ausgeklügelter Mehr-Schritte-Plan), Konfliktberatung (ich helfe mit), die Qualität der Selbstbehauptung (von starken Emotionen hin zu einer rationalen Herangehensweise), Verhandlungstaktik, Rollenspiele etc. In der Regel reduziert das die Angst vor der konflikthaften Situation etwas. Der Konflikt wird als Umstand gesehen, der eine Lösung braucht, die für beide Parteien annehmbar ist, die klassische Win-Win-Situation.

Warm-up-Übungen können das „In-die-Konfrontation-Gehen“ unterstützend begleiten. Sie werden wie eine Art Tanz um das Thema herum eingesetzt. Das heißt, wir lernen schon vorab, was ein Konflikt genau beinhaltet. Wir betrachten die verschiedenen Seiten und spielen damit. Noch gehen wir aber nicht ernsthaft auf Inhalte ein.

Ein Warm-up kann auch dazu dienen, etwas Abstand zum aufreibenden Geschehen zu gewinnen. So können Konflikte auch als ernste Spiele gesehen werden. Betrachten Sie sich als den Helden im Spielfilm. Das gibt Ihnen mehr Wahlfreiheit. Warm-ups können relativieren und eine günstige Arbeitsatmosphäre fördern. Humor und Übertreibung spielen dabei eine wichtige Rolle. Der umkreisende Tanz und der nötige Abstand zum Konflikt ermöglichen erst die seriöse Arbeit, die dann folgt.

Übung 61: Beginn – Höhepunkt – Ende

Ziel der Übung

Die Teilnehmer lernen den Verlauf eines prototypischen konflikthaften Vorgangs kennen.
Die Teilnehmer betrachten den Konflikt als einen Vorgang.
Die Teilnehmer trauen sich die Konfrontation am Höhepunkt des Konflikts zu.

Dauer der Übung

30 Minuten

Beschreibung

- Die Teilnehmer werden in Gruppen von drei bis fünf Personen eingeteilt. Es kann sinnvoll sein, in jeder Gruppe einen Regisseur zu benennen. Jeder Gruppe wird ein Thema zugeteilt, das den anderen Teilnehmern nicht bekannt gemacht wird: Ein Auffahrunfall, Streit am Tisch, Aufbauen eines Zeltes, betrunkener Ehemann kommt nach Hause, wer bekommt den Schmuck der Verstorbenen, usw. Die Themen tragen die Möglichkeit eines Konfliktes in sich. Der Trainer bittet die Gruppen, sich jeweils den Anfang, den Höhepunkt und das Ende einer Szene im Kontext des Themas auszudenken und in drei unbewegten Bildern, also sozusagen in drei „Fotos“ darzustellen. Sie bekommen dafür 3 Minuten Zeit.
- Wenn die Gruppen soweit sind, werden die Fotos angeschaut und die Zuschauer raten, worum es in der Gruppe geht. Abhängig von der verfügbaren Zeit und der Spielfreude der Beteiligten können die Fotos anschließen „beschriftet“ werden oder die gesamte Szene kann gespielt werden, vom ersten bis zum letzten Foto.
- Anschließend kann ein Gespräch über die Frage erfolgen, woran es liegt, dass ein Bild spannend aussieht und ein anderes nicht. Die Teilnehmer oder der Trainer können zum Abschluss der Übung noch dazu beitragen, das Bild, welches den Höhepunkt anzeigt, durch Regieanweisungen verstärken zu helfen („Wenn er sich mal hinlegen würde statt zu sitzen“).
- Die Überleitung zum Thema „Konflikte“ ist einfach zu machen.

Variante

Konflikte aus dem realen Leben können entweder direkt oder im Anschluss an die vorhergehende Übung nachgespielt werden. Bei bestehenden Konflikten ist diese Übung ein ungefährlicher Einstieg in weitere Rollenspiele.

Weitere Einsatzmöglichkeiten

Interaktion

Quelle

Überlieferung

Übung 62: Ein-Phrasen-Dialoge

Ziel der Übung
Orientierung im Konflikt(fall).
Emotionen bei Konflikten ausdrücken.

Das wird benötigt
Ein leerer Seminarraum

Dauer der Übung
15 Minuten

Beschreibung
- Vor dieser Übung kann die körperaktivierende Übung „Spüre deine Kraft" durchgeführt werden (siehe Übung 30).
- Die Teilnehmer bilden Zweiergruppen. Der Trainer gibt die Einführung: „Wir werden nun Ein-Phrasen-Dialoge miteinander führen. Bitte halten Sie sich genau an den vorgegebenen Text. Das ist hier wichtig. Fangen Sie ganz ruhig an und experimentieren Sie dann mit Variablen wie Tonhöhe, Lautstärke, Distanz zueinander usw. Wir verteilen uns im Raum und machen die Übung alle gemeinsam. Ich gebe Ihnen zunächst ein Beispiel." Der Trainer bittet einen Teilnehmer zu sich und gibt den Text vor: „Ich sage ja, Sie sagen nein. Das ist alles." Der Trainer demonstriert die Möglichkeiten, baut die Tonlage aus und geht noch mehr ins Risiko (z. B. hohe Lautstärke aus großer Distanz). Der Text, der gesprochen wird, besteht nur aus „ja" bzw. „nein". Die anderen Teilnehmer machen dasselbe. Jeder ist jetzt beschäftigt. Nach zwei bis drei Minuten stoppt der Trainer das Spiel und ändert den Text. Die Übung wird mehrfach gespielt, ab und zu kann auch ein Partnerwechsel erfolgen.

Texte:
Ja – Nein
Ich will – Ich will nicht
Ich gehe – Du bleibst
Ich mag dich sehr – Ich hasse dich
Komm – Nein
Hilf mir – Das kann ich nicht

Variante 1
Die Texte können ausgeweitet werden: „Ich will – Ich will nicht", „Ach komm schon" – „Nein, bitte, lass", „Ich will jetzt – Nein wirklich nicht", usw. Die Intensität eines Konflikts kann sich dadurch verschärft zeigen.

Variante 2

Ein Paar macht diese Übung auf der Bühne vor Publikum. Nach einigen Wiederholungen des immer gleichen Textes darf weiter improvisiert werden. Es können Szenen entstehen, die etwas über das Team oder die Teilnehmer, die die Konfliktthematik präsentieren, aussagen. Daraus können sich weitere Gespräche entwickeln.

Weitere Einsatzmöglichkeiten

Interaktion

Quelle

Überlieferung

Übung 63: Stühle versetzen

Ziel der Übung
Konfliktbewältigung als Thema einführen.

Das wird benötigt
Auftragskarten für alle Teilnehmer.
Ein leerer Seminarraum und ein Stuhl für jeden Teilnehmer.

Dauer der Übung
20 Minuten

Beschreibung
- Alle Teilnehmer erhalten eine Karte, auf der ein Auftrag geschrieben steht. Sie dürfen sich untereinander nicht verraten, welchen Auftrag sie haben.

  Karte 1: Stellen Sie alle Stühle zur Tür.
  Karte 2: Stellen Sie alle Stühle zum Fenster.
  Karte 3: Stellen Sie alle Stühle in einem Kreis in der Mitte des Raums auf.

- Der Trainer fordert die Teilnehmer auf, den Auftrag auf ihrer Karte zu erfüllen.
- Meistens schreiten die Teilnehmer sofort zur Tat. Manche beginnen, an den Stühlen zu zerren und werden aggressiv. Andere zeigen Vermeidungsverhalten, weichen zurück; wieder andere fangen an, zu überlegen, was sie tun könnten. Es gibt keine Besprechung, niemand erörtert die Lage mit anderen: Niemand verrät seinen Auftrag, jeder soll ihn aber ausführen. Wie lässt sich das im Miteinander schaffen? (beispielsweise, indem die Aufträge nacheinander ausgeführt werden).
- Es folgt eine kurze Nachbesprechung, in der das Geschehen chronologisch durchgenommen wird: Was ist vorgefallen? Wer hatte welche Rolle? Was haben Sie sich gedacht?

Weitere Einsatzmöglichkeiten
Körperaktivierende Übung

Quelle
Oomkes, F. (2001)

Übung 64: Seifenblasen-Krieg

Ziel der Übung
Das Thema Streit auf harmlose und spielerische Weise einführen (für vorsichtige, zurückhaltende Gruppen).
Gewinnen und verlieren lernen ohne darunter zu leiden.

Das wird benötigt
Seifenblasen-Set für jeden Teilnehmer.
Einen leeren Seminarraum.

Dauer der Übung
10 Minuten

Beschreibung
- Die Seifenblasen-Sets werden ausgeteilt und jeder Teilnehmer probiert aus, ob sein Set funktioniert. Der Trainer erklärt die Übung: „Derjenige der eine Seifenblase ins Gesicht bekommt, ist raus und setzt sich an die Wand."
- Es beginnt ein Spiel, bei dem Aggression Raum bekommt, ohne Opfer zu kreieren. Die in der Luft hängenden Seifenblasen bewirken eine magische und luftig-lockere Atmosphäre.

Variante
Zwei Teams, die äußerlich zu unterscheiden sind (mit/ohne Jacke, Ärmel hochgekrempelt/nicht hochgekrempelt, mit nackten Füßen oder auf Socken), treten gegeneinander an. Jetzt geht es auch um Zusammenarbeit.

Weitere Einsatzmöglichkeiten
Teambuilding
Körperaktivierende Übung

Quelle
Emunah, R. (1994)

Übung 65: Auf der geraden Linie zum Ziel

Ziel der Übung
Erfahrungen zur Frage „Wer hat den Vortritt?“ sammeln.

Das wird benötigt
Ein leerer Seminarraum

Dauer der Übung
10 Minuten

Beschreibung
- Die Teilnehmer verteilen sich etwa gleichmäßig an den vier Wänden des Raums. Auf ein Signal des Trainers hin gehen sie auf einer geraden Linie zu einem vorher ausgewählten Punkt an einer der anderen Wände. Dort angekommen suchen sie sich einen neuen Punkt auf einer anderen Wand aus, den sie, auf einer geraden Linie gehend, ansteuern. Das Spiel dauert etwa vier bis fünf Minuten. Zweifelsohne begegnen sich die Teilnehmer unterwegs.
- Der Trainer beobachtet. Wer geht zuerst, wer lässt anderen den Vortritt? Wird der Konflikt bewusst gesucht? Gibt es Teilnehmer, die sich nicht mehr von der Wand wegbewegen? Usw.
- Stehend im Kreis folgt eine kurze Nachbesprechung.

Variante 1
Das Tempo kann auf ein Zeichen des Trainers hin erhöht werden. Damit steigt das Risiko, mit anderen zusammenzustoßen.

Variante 2
Die Übung kann auch in Zeitlupe ausgeführt werden. Das schafft Gelegenheit zum Experimentieren. Es ist zudem weniger gefährlich, in Zeitlupe zusammenzustoßen oder sich einmal galant zu zeigen. Auch bietet die Zeitlupe die bessere Möglichkeit, (theatralisch) zu stürzen und sich wieder aufzurichten.

Quelle
Überlieferung

Übung 66: Konflikt im Theater

Ziel der Übung

Den Verlauf eines Konflikts verstehen lernen.
Dem Höhepunkt eines Konflikts nicht aus dem Weg gehen.
Als dritte (unbeteiligte) Person dabei helfen, einen Konflikt zu lösen.

Das wird benötigt

Eine leere Bühne

Dauer der Übung

30 Minuten

Beschreibung

- Die Gruppe sitzt in einer oder zwei Reihen vor der Bühne. Der Trainer erklärt, dass mehrere Konfliktszenen gespielt werden sollen. Der Verlauf der Szenen orientiert sich am Ablauf eines durchschnittlichen Spielfilms: Anfang, Einführung des Konflikts, Höhepunkt und Ende. Bei jedem Spiel gibt es zwei „Konfliktbesitzer" und (etwas später) einen Spieler, der dazu beiträgt, eine Lösung zu finden. Und es gibt einen Regisseur, der dafür sorgt, dass der Konflikt zu einem richtigen Höhepunkt findet und letztlich zu einem Happy End. Der Trainer bittet drei Teilnehmer auf die Bühne und erklärt die darzustellende Situation. Die Spieler nehmen eine Anfangsposition ein. Dann wird eine Person hinzugebeten, die bereit ist, die Regie zu übernehmen. Das Spiel beginnt. Der Regisseur darf nach wenigen Minuten eingreifen, wenn er Verbesserungspotenzial sieht.
- Der Trainer hat ein Auge darauf, dass die Spieler Gelegenheit bekommen, auch selbst ihr Spiel zu entwickeln. Der Regisseur darf nicht ständig eingreifen. Der Trainer ermutigt den Regisseur jedoch, einzugreifen, wenn dieser zu lange untätig bleibt. Eine Regieanweisung, die dabei helfen kann, das Geschehen dem Höhepunkt näherzubringen, ist, entscheidende Worte von den Spielern einige Male wiederholen zu lassen.
- Der dritte Mitspieler hat den spezifischen Auftrag, den Konflikt zu lösen, er soll dabei aber nicht selbst eine Lösung präsentieren.
- Beispiele für mögliche Szenen:
  - *In einem Restaurant.* Ein Paar fängt einen Streit über die Frage an, wer zahlen soll. Der Ober kommt zu Hilfe.
  - *Ein Auffahrunfall.* Es kommt zum Konflikt über die Schuldfrage. Ein Polizist kommt zu Hilfe.
  - *Das Oval Office.* Der Präsident will in den Krieg ziehen. Der General hält das für unklug. Die Reinigungskraft entschärft den Konflikt.

- *Am Arbeitsplatz.* Der Vorgesetzte wartet immer noch auf den Bericht. Der Mitarbeiter wird ständig für andere Arbeiten beansprucht, so dass der Bericht nicht fertig wird. Ein Kollege kommt zu Hilfe.
- Bei der Nachbesprechung werden Fragen zu den Zielsetzungen erörtert.

Entwickelt von

Marcel Karreman

Übung 67: Hallo Herr Nachbar

Ziel der Übung
Verschiedene Konfliktbereiche anhand eines Themas aufzeigen.
Verschiedene Konfliktbereiche besprechen.
Üben, negative Emotionen zu kommunizieren.

Das wird benötigt
Eine leere Bühne

Dauer der Übung
30 Minuten

Beschreibung
- Die Gruppe wird in Zweiergruppen aufgeteilt. Der Trainer erklärt, dass im Folgenden mehrere Begegnungen mit einem Nachbarn gespielt werden sollen. Der Anlass für die Gespräche ist immer derselbe. Der weitere Verlauf ist unterschiedlich. Jede Zweiergruppe erhält eine Auftragskarte. Die Teilnehmer bekommen drei Minuten, um sich vorzubereiten.

  Auftragskarten:
  Der Anfangstext auf jeder Karte lautet: Zwei Nachbarn, Simon und Stefan, treffen im Garten aufeinander. Nach einigem Zögern schlägt Simon vor, einen Zaun, eine Abtrennung zwischen den Gärten anzubringen.

  Weiterer Verlauf der Auftragskarten:
  - *Auftrag 1:* Stefan gefällt dieser Plan gar nicht. Er ist der Meinung, die meisten Leute würden sich zu sehr ins Private zurückziehen. Jeder sitze nur noch vor seinem Computer, die Menschen redeten nicht mehr miteinander. Doch der Mensch sei ein soziales Wesen! Simon findet, jeder habe ein Recht auf Privatsphäre. Es entsteht ein Konflikt.
  - *Auftrag 2:* Stefan findet den Vorschlag gut. Aber, da es der ausdrückliche Wunsch von Simon ist, soll er den Zaun errichten. Simon würde das zwar gerne tun, er hat aber keine Zeit und ist handwerklich nicht so geschickt, sagt er. Es entsteht ein Konflikt.
  - *Auftrag 3:* Stefan ist einverstanden. Es kommt aber zu Differenzen über die Art der Abtrennung: das Material, die Höhe des Zauns bzw. der Mauer und die Frage, wer wieviel bezahlt.
  - *Auftrag 4:* Stefan ist homosexuell und er hält seinen Nachbarn für homophob. In Simons Augen ist das kompletter Unsinn, er ist allerdings der Meinung, dass es in Stefans Garten immer sehr laut zugeht.

- *Auftrag 5:* Stefan ist wie vor den Kopf gestoßen. Aber sie sind doch gute Nachbarn, haben doch nie Probleme miteinander gehabt. Das sieht Simon genauso, es geht aber um etwas anderes und das möchte er erklären. Er möchte einen schattigen Garten haben. Seine Frau ist krank und verträgt keine Sonne. Es fällt ihm aber schwer darüber zu sprechen, weil Stefans Frau vor einem Jahr gestorben ist. Stefan traut der Sache nicht, spricht weiter von ihrem guten Verhältnis und endet in einem Monolog über die Bedeutung von Gärten, guten Freundschaften und wechselseitiger Offenheit. Wenn irgendetwas nicht in Ordnung sei, soll Simon es doch einfach sagen. Doch Stefan hört nicht zu, Simon kann nicht mit ihm reden.

- Die Spielsequenzen dauern 3 bis 5 Minuten, dann beendet der Trainer die Darbietung und dankt den Teilnehmern. Die Spieler bekommen Gelegenheit zu berichten, wie sie das Spiel erlebt haben. Eine weitere Nachbesprechung findet zunächst nicht statt. Alle Spiele werden nacheinander vorgeführt.
- Die Nachbesprechung wird dazu genutzt, die Szenen genau anzuschauen. Denn obwohl es jedes Mal um eine Trennwand zwischen den Gärten ging, war es jedes Mal ein anderer Konfliktbereich, der zum Streit führte (siehe die folgende Übersicht). Außerdem können Argumente aus dem einen Konfliktfeld (zu Unrecht) in einen anderen Konfliktbereich übertragen worden sein.

Dahinterstehende Konfliktbereiche

- *Auftrag 1:* Unterschiedliche Sichtweisen. Diskussion über übergeordnete Themen, Vorstellungen über das Leben.
- *Auftrag 2:* Aufgaben und Funktionen. Wer macht was und warum.
- *Auftrag 3:* Mittel. Wer bekommt was und warum.
- *Auftrag 4:* Kulturunterschiede, Umgangsformen.
- *Auftrag 5:* Ein Missverständnis. Eigentlich ist kein Konflikt vorhanden. Die Akteure reden aneinander vorbei.

Weitere Einsatzmöglichkeiten

Interaktion

Entwickelt von

Marcel Karreman

Übung 68: Vor Gericht!

Ziel der Übung

Auf spielerische Weise den Inhalt eines Konflikts erkunden.
Einen Konflikt aus größerer Distanz betrachten.
Die verschiedenen Rollen bei Konflikten durchspielen.

Das wird benötigt

Eventuell eine leere Bühne

Dauer der Übung

15 bis 30 Minuten

Beschreibung

- Wenn in einem amerikanischen Film eine Gerichtsszene gezeigt wird, sind die Rollen und die Vorgehensweise eindeutig. Es gibt einen Verdächtigen, seinen Anwalt, einen Richter, den Staatsanwalt, den Protokollführer, es gibt Zeugen und es gibt eine Jury. Der Staatsanwalt trägt die Anklage vor und verhört den Verdächtigen und die Zeugen. Damit wird der genaue Sachverhalt deutlich. Der Richter sorgt für einen geordneten Ablauf. Die Jury entscheidet, ob der Verdächtige schuldig ist oder nicht.
- Ein Konflikt wird in eine Behauptung übersetzt: Lösung A ist richtig, Lösung B ist falsch. Der Verdächtige wird beschuldigt, Lösung B gewählt zu haben.
- Die Teilnehmer verteilen die oben genannten Rollen. Der Verdächtige behauptet, A zu wollen, kann insgeheim aber auch B favorisieren. Die möglichen Zeugen tun so, als hätten sie Erfahrung mit einer der beiden Lösungen und erklären, was sie erlebt haben. Verteidigung und Staatsanwaltschaft verhören den Verdächtigen und die Zeugen. Die Jury entscheidet über den Wahrheitsgehalt.
- Das Spiel kann eventuell am Sitzungstisch gespielt werden. Die Rollen werden aber klarer, wenn die Protagonisten sich – auf einer Bühne – wie im Gericht aufstellen. Das Spiel dauert 10 Minuten. Dann bittet der Richter die Jury (eventuell nach einer Beratungszeit von 1 Minute) um ihr Urteil.
- Die Nachbesprechung beschäftigt sich nicht inhaltlich mit dem Konflikt, sondern nur mit der Erfahrung der gespielten Rollen und dem Verlauf des Spiels.
- Es kann sinnvoll sein, ein Folgegespräch anzuberaumen, das die folgenden Inhalte haben kann: Konfliktbewältigung (Training), den Inhalt des betreffenden Konflikts (Arbeitssituation) oder die Rollen, zu denen man in Konfliktsituationen neigt (Teamtraining).

Variante

Das Spiel wird nach 10 Minuten beendet, es werden die Rollen gewechselt (der Richter wird Zeuge, der Staatsanwalt wird Jurymitglied usw.) und dann folgen weitere 10 Minuten in den neuen Rollen.

Weitere Einsatzmöglichkeiten
Teambuilding

Quelle
Überlieferung

9 Introspektion und persönliche Entwicklung

Bei einem Arbeitstreffen gibt es selten ruhige, stille Momente. Es herrschen Aktivität, Austausch, manchmal Konflikte. Die Teilnehmer können sich ja nicht gegenseitig in die Köpfe schauen und so bleiben ihre wahren persönlichen Motive, die hinter ihren Vorschlägen liegen, oft im Dunkeln.

Ein Trainer kann im Training stöhnend feststellen: „Was für ein Mangel an Selbstreflexion! Es wird nur in eine Richtung gedacht. Das Unternehmen muss sich ändern, die Umgebung muss angepasst werden, aber die Teilnehmer selbst halten sich für unfehlbar. Würden sie doch einmal sich selbst anschauen."

Die Übungen, die in diesem Kapitel vorgestellt werden, laden die Teilnehmer ein, sich mit sich selbst auseinanderzusetzen. Die Übungen sind dazu da, die Selbsterkenntnis zu fördern und beinhalten deshalb wenig Aktivität. Andere Aspekte stehen im Mittelpunkt: Ruhe, Konzentration, Selbstbeobachtung und Selbstanalyse, das Teilen von Selbsterkenntnis.

Introspektion ist der Konzentration sehr ähnlich. Sie benötigt Stille und Aufmerksamkeit. Die Aufmerksamkeit ist aber, anders als die Konzentration, nicht auf die Umgebung ausgerichtet, sondern auf die eigene Person. Und es kommt noch ein Aspekt hinzu: die Selbstanalyse.

Sich selbst beobachten und analysieren. Was mache ich? Was sage ich? Wie verhalte ich mich und was steckt dahinter? Tue ich das Richtige?

Introspektion führt zu persönlicher Entwicklung, wenn die Dimension Zeit hinzukommt: Wie mache ich das jetzt? Wie habe ich das in der Vergangenheit gemacht und wo möchte ich hinkommen? Außer Analyse braucht es auch Planung: Wie kann ich meine Ziele verwirklichen? Was sind realistische Schritte? Welche Fähigkeiten benötige ich dafür?

Die Warm-ups, die zu dieser Kategorie gehören, sind eine Einladung an die Teilnehmer, sich mit sich selbst auseinanderzusetzen. Es sind meist kurze Übungen, um ein Gespräch in Gang zu bringen oder zu vertiefen.

Übung 69: Die Lebenslinie

Ziel der Übung

Wichtige Geschehnisse und Phasen im eigenen Leben aus einer anderen Zeitperspektive einordnen.

Das wird benötigt

Papier und Farbstifte/Kugelschreiber
Abklebeband (Malerkrepp)

Dauer der Übung

45 Minuten

Beschreibung

- An dieser Übung können alle Teilnehmer gleichzeitig teilnehmen, auch die Arbeit in Zweiergruppen ist möglich oder ein Teilnehmer steht allein vor der Gruppe. Wenn die Übung als Warm-up geplant ist, wird meistens in Zweiergruppen oder in der Variante „alle gemeinsam" gearbeitet.
- Wenn alle gleichzeitig arbeiten, verteilen sich die Teilnehmer im Raum. Jeder hat ein Stück Papier (A5, eventuell A4), einen Kugelschreiber oder Farbstifte. Auf dem Papier werden die bisher gelebten Jahre von 0 bis zum heutigen Tag von oben nach unten durchnummeriert (eventuell in zwei Spalten). Für jede Zahl steht gleich viel Platz zur Verfügung. Nun werden alle wichtigen Lebensereignisse und Lebensphasen anhand von Stichwörtern den Lebensjahren zugeordnet. Die Einträge erfolgen assoziativ, anhand der Frage: *An welche wichtigen Ereignisse in Ihrem Leben erinnern Sie sich?* Die Frage muss nicht in chronologischer Reihenfolge beantwortet werden und jeder Teilnehmer kann rein subjektiv an die Beantwortung herangehen. Es ist nicht notwendig, mit den frühesten Erinnerungen anzufangen. Auch (Schul- und Abschluss-)Zeugnisse müssen nicht aufgeführt werden. Die Eintragung der wichtigen Ereignisse ist dann fertig, wenn der Teilnehmer sie für beendet erklärt. Am Ende entdecken die Teilnehmer wiederkehrende Themen, sie unterscheiden turbulente und ruhigere Lebensphasen, spüren, wie manche Erinnerungen sie mehr berühren als andere und machen sich bewusst, dass sie sich von einigen Aspekten heute gerne distanzieren.
- Wenn in Zweiergruppen gearbeitet wird, befragt einer den anderen. Zusammenarbeit und der Aspekt, Persönliches vor anderen Menschen zu enthüllen, kommen dann als Themen hinzu. Der Interviewer kann dem Teilnehmer dabei helfen, zum Kern vorzudringen und sich festzulegen, was die zeitliche Zuordnung der Ereignisse betrifft.
- Wird die Übung mit nur einem Teilnehmer durchgeführt, verstärken sich für denjenigen die Konfrontation und die Anspannung. Es wird dann nicht auf

Papier geschrieben, sondern die Lebenslinie wird mit Klebeband auf den Boden geklebt. Die Jahre und die Ereignisse können auf das Klebeband geschrieben werden. In solchen Fällen leitet meist der Trainer den Teilnehmer an.

In Abbildung 1 sehen Sie das Beispiel einer Lebenslinie mit dem zentralen Thema: „Auf der anderen Seite des Hügels ist es immer grüner.“

0		18	Dritte Freundin: platonisch
1		19	
2	Umzug ins Ausland	20	Auszug von zu Hause, als Müllmann tätig gewesen
3		21	Weltreise
4		22	Studium angefangen: Biologie
5		23	
6		24	
7		25	
8	Vater stirbt, Rückkehr ins Heimatland	26	Erster Job
9		27	Zweiter Job
10		28	
11		29	Dritter Job
12	Weiterführende Schule: Biologie!	30	
13		31	
14		32	
15	Erste Freundin: Friede, Freude, Eierkuchen …	33	heutiger Job, Herausforderung
16	Zweite Freundin: wild	34	heutiger Partner
17		35	
		36	heutiger Job, Langeweile

Abbildung 1: Beispiel einer Lebenslinie

Quelle

Überlieferung

Übung 70: (Lebendes) Soziogramm

Ziel der Übung
Einsicht in eigene Beziehungen und Beziehungsmuster gewinnen.

Das wird benötigt
DIN A5-, eventuell DIN A4-Papier und Farbstifte, eventuell Kugelschreiber/Bleistift

Dauer der Übung
30 Minuten

Beschreibung
- Diese Übung kann entweder von der gesamten Gruppe ausgeführt werden oder von einem einzelnen Teilnehmer, der im Kreis der anderen Teilnehmer die Übung allein macht. Wenn sie als Warm-up geplant ist, bietet sich die Variante an, bei der alle Teilnehmer gleichzeitig mitarbeiten.
- Gezeichnetes Soziogramm: Die Teilnehmer verteilen sich im Raum und suchen sich, ausgestattet mit einem Blatt Papier und mehreren Stiften, einen Platz, an dem sie ungestört allein arbeiten können. Innerhalb von ca. 15 Minuten soll jeder Teilnehmer zunächst sich selbst einen Platz auf seinem Blatt Papier zuordnen – indem er seinen Namen an diese Stelle schreibt – und anschließend die Menschen, die ihm wichtig sind. Auch die Art der Beziehung soll wiedergegeben werden. Am einfachsten ist es, wenn der Trainer dies anhand eines fiktiven Beispiels auf einem Flipchart-Blatt zeigt (vgl. Abbildung 2).

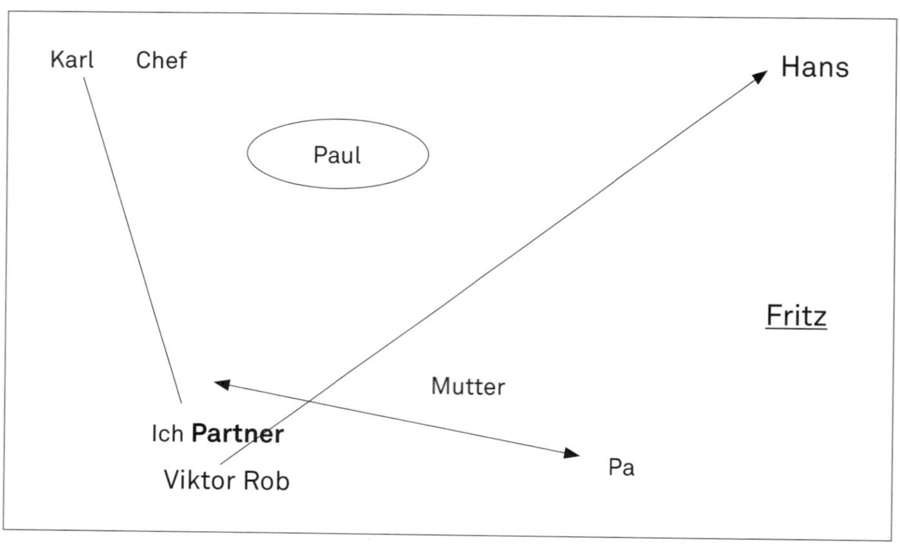

Abbildung 2: Beispiel eines Soziogramms

- Der Trainer ermutigt die Teilnehmer, kreativ mit Farben, Linien, Textgestaltung (Größe, Hervorhebungen), Symbolen usw. umzugehen, aber darauf zu achten, dass das Bild am Ende noch übersichtlich ist.
- Die nächsten 15 Minuten werden dazu genutzt, um in Zweiergruppen Einzelheiten zum Soziogramm auszutauschen.

Variante

(Lebendes) Soziogramm: Diese Übung kann im Anschluss an die vorhergehende Übung angeboten werden. Ein Teilnehmer steht im Mittelpunkt. Er wählt aus den übrigen Teilnehmern Personen aus, die direkt vor Ort sein Soziogramm abbilden. Für sich selbst nimmt er einen Stuhl als Ausgangspunkt. Wenn die Personen aus seinem Soziogramm alle ihren Platz eingenommen haben, kann er sie noch dazu auffordern, eine bestimmte Haltung anzunehmen oder einen Text zu sagen. Wichtig ist, dass der Gruppenleiter nahe beim arbeitenden Teilnehmer bleibt und ihn alles selbst arrangieren lässt. Der Trainer coacht, aber er interpretiert nicht.

Quelle

Überlieferung

Übung 71: In der Stadt

Ziel der Übung

Mithilfe einer Metapher Einsicht über die eigene Struktur/Arbeitshaltung gewinnen.
Analysieren, was einem daran gefällt und was einem nicht gefällt.

Das wird benötigt

Eventuell Zeichenpapier und Farbstifte

Dauer der Übung

30 Minuten

Beschreibung

- Jeder Teilnehmer sucht sich einen für ihn angenehmen Platz im Raum. Der Trainer erklärt die Übung: „Möchten Sie lieber die Augen schließen oder lieber ins Leere starren? Bitte nehmen Sie keinen Kontakt zu den anderen auf, auch nicht mit Blicken, konzentrieren Sie sich auf sich selbst. Ich möchte gern, dass Sie sich etwas vorstellen. Stellen Sie sich vor, Sie seien eine Stadt, ein Dorf oder eine Einöde. Wie sehen Sie sich selbst? Sind Sie groß oder klein? Steht Ihre Stadt in der Vergangenheit, der Gegenwart oder der Zukunft? In welcher Zeit genau? Ist der Ort zugebaut oder gibt es viel Raum? Was für Gebäude gibt es in dem Ort? Gibt es eine Bibliothek? Ein Theater? Oder andere bedeutende Gebäude? Ist die Stadt oder das Dorf von einer Mauer umgeben? Gibt es Stadtwächter? Was findet sich in der Umgebung des Ortes? Leben Bekannte von Ihnen in der Stadt oder in der Umgebung? Haben Sie einen Lieblingsplatz in Ihrer eigenen Stadt? Oder halten Sie sich ganz zufällig an einem bestimmten Platz auf? Gibt es unbekannte oder gefährliche Gegenden? Haben Sie etwas vor mit oder in der Stadt?“
- Die Teilnehmer werden nun gebeten, ihre Augen wieder zu öffnen. Der Trainer kann eventuell eine Zeichnung der Stadt oder des Dorfes machen lassen, damit die Teilnehmer Zeit haben, noch etwas über Ihre Fantasie nachzudenken.
- In Zweiergruppen werden Erfahrungen mit der Übung ausgetauscht, pro Person fünf Minuten lang. So können beispielsweise Verbindungen zum aktuellen Alltagsleben hergestellt werden oder vielleicht werden Vorsätze formuliert.

Weitere Programmpunkte nach dem Warm-up

Psychodrama, um die Bilder weiter zu erkunden.
Rollenspiel, um den Umgang mit guten Vorsätzen für das tägliche Leben/die Arbeitssituation zu üben.

Kontraindikation
Anfängergruppe

Entwickelt von
Marcel Karreman

Übung 72: Wertehierarchie – Was ist mir wichtig?

Ziel der Übung
Der Teilnehmer formuliert, was ihm im Leben und in der Arbeit wichtig ist. Die hierarchische Anordnung wird überprüft: Stimmen Ihre Vorstellungen?

Das wird benötigt
Stift und Papier

Dauer der Übung
30 bis 45 Minuten

Beschreibung
- Der Trainer hat die Wahl: Mit der Übung können die Werte der Teilnehmer (a) in ihrem persönlichen Leben oder (b) in ihrem Arbeitsleben erkundet werden. Somit kann der Trainer entweder eine dieser beiden Optionen vorgeben oder er lässt die Teilnehmer selbst wählen.
- Der Trainer gibt die Anweisung: „Sie erhalten ca. drei Minuten Zeit, um darüber nachzudenken, was Ihnen in Ihrem persönlichen Leben oder in Ihrer Arbeit wichtig ist. Schreiben Sie stichwortartig alles auf, was Ihnen dazu einfällt. Ich gebe Bescheid, wenn die drei Minuten vorbei sind. Die dann folgenden drei Minuten nutzen Sie bitte dafür, aus Ihrer Liste die wichtigsten fünf Punkte auszuwählen und hierarchisch – in der Reihenfolge ihrer Bedeutung für Sie – zu ordnen.“ Der Trainer kann an dieser Stelle ein Beispiel von sich selbst geben: „Als ich diese Übung gemacht habe, stand an erster Stelle Kreativität, an zweiter Stelle Arbeiten in Teilzeit“ usw.
- Es werden Zweiergruppen gebildet und die beiden Teilnehmer erklären jeweils 10 Minuten lang dem anderen, was die notierten Stichpunkte genau beinhalten und warum sie sie so angeordnet haben, wie sie es getan haben. Der Partner stellt kritische Fragen dazu, was möglicherweise zu der einen oder anderen Veränderung in der Liste führen kann.
- Jeder Teilnehmer kann sich zum Schluss überlegen, ob seine endgültige Fassung der Liste tatsächlich sein Leben oder seine Arbeit widerspiegelt. Wenn nicht, soll dann etwas geändert werden? Und wenn ja, was genau? Hier können Vorsätze formuliert werden.

Quelle
Überlieferung

Übung 73: Wer bin ich? Und wer bin ich außerdem noch?

Ziel der Übung

Einführung in das Thema „Sub-Persönlichkeiten".
Die verschiedenen Rollen, die jemand im täglichen Leben spielt, erforschen.
Mit anderen Teilnehmern Informationen über mehr und weniger bekannte Aspekte der eigenen Person austauschen.

Das wird benötigt

Stift und Papier

Dauer der Übung

30 Minuten

Beschreibung

- Jeder Teilnehmer sucht sich einen Platz, an dem er ungestört verbleiben kann. Der Trainer erklärt, dass wir Menschen nicht immer gleich sind, sondern in unterschiedlichen Momenten unterschiedlich sein können. Am besten gibt er ein Beispiel von sich selbst (damit erfüllt er eine Vorbildfunktion, wenn es darum geht, sich vor anderen zu öffnen): „Manchmal bin ich der sorgsame Vater, manchmal ein dummer Clown, manchmal eine verunsicherte Maus." Für unsere persönliche Weiterentwicklung ist es von Vorteil, wenn uns die verschiedenen Rollen, die wir im Leben annehmen, auch bewusst sind. Wer mit anderen darüber spricht und Feedback oder Tipps bekommt, kann bestimmte Rollen deutlicher hervorheben, er kann Rollen verändern oder neue Rollen entwickeln.
- Der Trainer gibt den Teilnehmern 5 bis 10 Minuten Zeit, sich zu überlegen, welche Sub-Persönlichkeiten (Rollen) sie selbst bei sich erkennen, diese aufzuschreiben und daraus ein oder zwei auszuwählen, über die sie mit anderen sprechen möchten, weil sie mehr darüber erfahren wollen. Eine Sub-Persönlichkeit (Rolle) kann am besten in der Form eines Adjektivs und eines Substantivs benannt werden. Beim Substantiv ist vieles möglich: Rollen in der Familie, bekannte Persönlichkeiten, Tiere, Gegenstände, Berufe usw.
- Im Laufe der Besprechung können folgende Aspekte durchgenommen werden:
  - Die Frage, die der Teilnehmer selbst zu dieser Rolle hat.
  - Die Frage, warum die Rolle für die anderen Teilnehmer oder die Kollegen nicht sichtbar wird.
  - Die Frage, wie die Rolle in Arbeitssituationen nutzbar gemacht werden kann.
  - Die Frage, wie die Rolle weiterentwickelt werden kann.
  - Usw.

Variante
Der Teilnehmer kann in seiner Rolle interviewt werden.

Weitere Einsatzmöglichkeiten
Teambuilding

Quelle
Überlieferung

Übung 74: Masken

Ziel der Übung
Einen Verteidigungsmechanismus erkennbar machen.
Eine weniger bekannte Rolle sichtbar machen.

Das wird benötigt
(Farb-)Stifte und Papier
Eventuell kräftiges Papier, Schere, Gummiringe

Dauer der Übung
30 Minuten

Beschreibung
- Die Teilnehmer suchen sich einen Platz im Raum und erhalten Papier und Bleistifte oder Buntstifte. Der Trainer gibt die Anweisung zur Durchführung der Übung: „Manchmal ist es wichtig, sich anders zu geben, als man eigentlich ist. Man kann sich dadurch möglicherweise schützen. Menschen tragen Masken. Sie bekommen nun 15 Minuten Zeit, in der Sie eine Maske von sich selbst anfertigen sollen. Sie können sich dabei an einer Maske orientieren, hinter der Sie sich öfter verbergen oder Sie können eine Maske gestalten, die etwas ausdrückt, das Sie sonst nicht zeigen. Sie können zuerst Skizzen anfertigen, um Ideen auszuprobieren, Sie können aber auch die Maske sofort machen. Auf jeden Fall soll in 15 Minuten das Endprodukt fertig sein."
- Die Teilnehmer sitzen jetzt im Kreis und zeigen ihre Masken. Jeder gibt ein paar Erklärungen zu seinem Produkt.
- Anschließend kann ein Gespräch über Masken und Rollen stattfinden. Es kann auch mit den Masken gespielt werden. Siehe dazu auch Übung 48 (Bühne frei!). Wer eine Maske vor dem Gesicht hat, spielt immer ohne Text. Nur wenn die Mundpartie frei ist, kann gesprochen werden.

Weitere Einsatzmöglichkeiten
Teambuilding

Quelle
Überlieferung

Übung 75: Wer hat zu Hause das Sagen?

Ziel der Übung

Sein Eltern-, Erwachsenen- und Kind-ICH im Sinne der Transaktionsanalyse kennenlernen.

Das wird benötigt

Eine leere Bühne und drei Stühle

Dauer der Übung

30 Minuten

Beschreibung

- Der Trainer erklärt: „Die Transaktionsanalyse geht davon aus, dass wir drei Rollen (die ICH-Zustände) in uns haben: Das Kind-ICH ist triebgesteuert, spontan, es albert gern herum oder ist still und angepasst. Das Erwachsenen-ICH ist ruhig, sachorientiert, rational und eventuell vermittelnd zwischen Eltern und Kind. Und schließlich das Eltern-ICH, welches für das strenge Gewissen steht, es ist korrigierend und zurechtweisend oder erziehend und beschützend. Alle ICH-Zustände sind notwendig und haben ihre berechtigte Funktion, aber manchmal übertönt ein ICH-Zustand die anderen beiden, wodurch diese nicht mehr in Erscheinung treten, obwohl sie funktional wären. Wir wollen jetzt eine Warm-up-Übung machen, die jeweils kurze Improvisationen beinhaltet, um die drei ICH-Zustände kennenzulernen."
- Es folgen zwei strukturierte Improvisationen für Gruppen von jeweils drei Personen. Der genaue Auftrag wird jeder Gruppe außerhalb der Hörweite der anderen Teilnehmer gegeben. Die Spieler werden gebeten, sich unbedingt an die aufgetragenen Rollen im Sinne des Eltern-, Erwachsenen- und Kind-ICHs zu halten.

  Spiel 1: Eine Begegnung zwischen Kind (Kind-ICH), Vater (Eltern-ICH) und Mutter (Erwachsenen-ICH). Das 14-jährige Kind erklärt, die Hausaufgaben seien fertig und setzt sich gutgelaunt vor den Fernseher. Der Vater spricht dem Kind ermahnend zu: „Du hast doch gerade erst angefangen und dein letztes Zeugnis war ja nicht so besonders." Das Kind sucht Unterstützung bei der Mutter. Die Mutter bittet beide, Ruhe zu wahren, sie fragt das Kind, was es genau an Hausaufgaben zu machen hatte und wie es die Aufgaben gelöst habe. Anschließend folgt eine kurze Improvisation.

  Spiel 2: Ein Verkaufsgespräch mit einem Vertriebsmitarbeiter (Kind-ICH), einem Techniker (Eltern-ICH) der Spielwarenfabrik und einem potenziellen Kunden (Erwachsenen-ICH). Der Kunde hätte gerne Information zu einer elektrischen Eisenbahn. Der Vertriebsmitarbeiter beginnt, begeistert zu berichten und übertreibt es bei den Möglichkeiten ein wenig. Der Techniker unterbricht ihn und erklärt, der Vertriebsmitarbeiter würde sich zu der einen oder anderen Übertreibung hinreißen lassen und hebt dagegen die Bedeutung einer wahrheitsgemäßen Information hervor. Der Vertriebsmitarbeiter schmollt nonverbal. Der Techniker sagt, er werde nun über die Anlage Auskunft geben. Der Kunde sagt, es sei ihm letztlich egal, wer ihm die Information gibt. Er möchte Ausstattung und Möglichkeiten kennenlernen. Es folgt eine kurze Improvisation.

- Bei der kurzen Nachbesprechung sollen die anderen Gruppenmitglieder raten, wer das Erwachsenen-ICH, das Eltern-ICH und wer das Kind-ICH dargestellt hat und ob die spielenden Teilnehmer sich durchgehend darangehalten haben. Wenn das nicht der Fall war, kann das etwas über das Switchen von einer Rolle in die andere aussagen, wie es im Alltag auch geschieht. Es kann auch etwas über die bevorzugten Rollen der Personen, die gespielt haben, aussagen.
- Das Warm-up kann weitergespielt werden in Form von Zweiergesprächen, bei denen die Teilnehmer sich gegenseitig über ihre eigenen Eltern-, Erwachsenen- und Kind-ICHs erzählen. Anschließend können Alltagsszenen gespielt werden, wobei darauf geachtet wird, wie funktional die verschiedenen ICH-Zustände sind.

Quelle

Berne, E. (2010/2016)

Übung 76: Die Personenmaschine

Ziel der Übung
Den Teilnehmern Feedback geben.

Das wird benötigt
Eine leere Bühne

Dauer der Übung
30 Minuten

Beschreibung
- Der Ausgangspunkt dieser Übung ist eine Übung mit dem Namen „Die Maschine“ (siehe auch Übung 47: Die Emotionsmaschine). Die beiden Übungen können auch nacheinander gemacht werden. Der Trainer erklärt: „Eine Person fängt mit einer Bewegung an, die sich immer wieder wiederholen lässt. Die Bewegung kann auch mit einem Laut kombiniert werden. Nummer zwei schließt sich mit einer Bewegung an, die den nächsten Teil der Maschine darstellt. Am Schluss machen alle Anwesenden mit. Der Trainer kann die Maschine schneller werden lassen und zum Überhitzen bringen, bis sie schließlich auseinanderbricht.“
- Der weitere Verlauf ist deutlich konfrontierender: Nicht die ganze Gruppe muss mitmachen. Es wird eine Maschine dargestellt, die etwas über die Person aussagt, die um Feedback bittet. Bitte beachten: Die Übung findet nur statt, wenn die entsprechende Person es möchte. Die Teilnehmer, die die Maschine darstellen, geben in ihren sich wiederholenden Bewegungen einen Aspekt der Person wieder, die das Feedback möchte. Achten Sie darauf, auch als Trainer, dass es eine Komposition wird: die Einzelteile stellen das Ganze dar. Es können sowohl positive Aspekte der Person dargestellt werden als auch Aspekte, die die Darsteller als veränderungswürdig einstufen. Die Übung wird weniger konfrontierend, wenn das Feedback nur zu einem bestimmten Thema gegeben wird, zum Beispiel den Umgang mit Konflikten, die Gesprächsführungskompetenz etc.
- Der Teilnehmer, der im Zentrum der Übung steht, hat Anspruch auf eine kurze Nachbesprechung, bei der er um eine Erklärung bitten kann.
- Andere Teilnehmer können folgen.

Weitere Einsatzmöglichkeiten
Teambuilding

Quelle
Überlieferung

Übung 77: Das schönste Kleid im Schaufenster

Ziel der Übung

Das Beste für sich selbst zu organisieren.

Das wird benötigt

Ein leerer Seminarraum

Dauer der Übung

15 Minuten

Beschreibung

- Der Trainer beauftragt die Teilnehmer, ohne zu sprechen, die Menschen um sich herum zu versammeln, die ihnen bei ihrer persönlichen Entwicklung am besten weiterhelfen können. Die gesamte Gruppe sollte am Ende auf kleine, etwa gleich große Gruppen verteilt sein.
- Während die Teilnehmer damit beschäftigt sind, Gruppen zu bilden, fragt der Trainer so ganz nebenbei, ob sie sich bei ihrer Wahl eher am Punkt Sicherheit oder eher an der Herausforderung orientiert hätten und, ob sie nun wirklich die richtigen Menschen um sich herum versammelt hätten oder, ob sie dabei sind, Kompromisse einzugehen.
- Die folgenden Fragen sind in der Nachbesprechung wichtig: Sind Sie selbst auf die Leute zugegangen? Wie ging es weiter, wenn andere „Ihre" Menschen zu sich, in ihre Gruppe geholt haben? Was geschah, als Sie merkten, dass Sie zu viele Menschen versammelt hatten? Sind Sie weggegangen oder haben Sie es anderen überlassen, eine Lösung zu finden? Was sagt das darüber aus, wie Sie in Ihrem Alltagsleben mit solchen Situationen umgehen? Sind Sie zufrieden mit der „zweiten Wahl" oder gönnen Sie sich das schönste Kleid aus dem Schaufenster?
- Auf der Basis dieser Situation kann ein zweites Warm-up zum Thema persönliche Entwicklung angeschlossen werden, eventuell innerhalb der von den Teilnehmern gebildeten Gruppe.

Quelle

Überlieferung

10 Teambuilding

Ein Team ist eine Gruppe von Menschen, die aufeinander angewiesen sind, um eine Aufgabe zu lösen oder ein Ziel zu erreichen. Eine Filmcrew ist ein Team. Wenn die entsprechenden Personen nicht zusammenarbeiten, kann der geplante Film nicht realisiert werden. Was ist ein Regisseur ohne Schauspieler, ein Schauspieler ohne Maskenbildner, ein Maskenbildner ohne Beleuchter, ein Beleuchter ohne Szenenbuch, ein Drehbuchautor ohne Regisseur?

Der Manager eines Unternehmens braucht seine Mitarbeiter. Die Warm-ups dieser Kategorie zeigen, dass wir nicht ohne die Hilfe anderer bzw. ohne die Zusammenarbeit mit anderen auskommen.

Ein Team muss wissen, wofür es zusammengesetzt wurde. Warum sind genau diese Personen zu einem Team zusammengefasst worden? Wonach strebt das Team? Als Nächstes folgt die Frage, wie das Ziel erreicht werden soll, wie ist die Herangehensweise? Es muss eine Aufgaben- und Funktionsverteilung stattfinden. Wer ist der Chef von wem? Dann folgen Absprachen zum Procedere und es werden Kommunikationskanäle festgelegt. Die Art und Weise der Zusammenarbeit wird ein Thema. Sprechen wir uns gegenseitig an? Muss die Atmosphäre immer bestens sein? Ist jeder etwa gleich stark gefordert?

Es kann sinnvoll sein, zuerst noch abzuwarten, bevor diese Themen auf der Chef- oder Abteilungsebene durchgesprochen werden. Ein Team soll träumen und fantasieren dürfen. Es soll sich entwickeln und in die Rollenverteilung hineinfinden können. Ein Team sollte sich – ohne Konsequenzen – ausprobieren dürfen. Die folgenden Warm-ups bieten diese Möglichkeit und beanspruchen nicht viel Zeit.

Übung 78: Der Team-Monolog

Ziel der Übung
Das Zusammenspiel im Team fördern.
Als Team kreativ denken lernen.
Nicht führen oder folgen, sondern sich auf Augenhöhe begegnen.

Das wird benötigt
Eine Bühne

Dauer der Übung
10 Minuten

Beschreibung
- Das Team oder die Teilnehmergruppe begibt sich gemeinsam auf die Bühne. Der Trainer bittet alle Beteiligten so eng wie möglich zusammenzustehen, fast so, als wären sie nur eine einzige Person. Er erklärt: „Ich bin ein unbekannter Interviewer. Sie sind das Team. Innerhalb des Teams gibt es keine Individuen mehr, es gibt nur das Ganze. Sie geben als eine Person und in Zeitlupe Antwort auf meine Fragen. Das Team hat keinen Anführer. Es funktioniert wie von selbst, versuchen Sie es."
- Der Trainer beginnt das Interview mit ein paar Fragen, deren Antworten für alle eindeutig sind. Als Nächstes stellt er Fragen, deren Beantwortung nicht automatisch klar und eindeutig ist.

  Beispielsfragen für einen unkomplizierten Start:
  - Hallo!
  - Für welches Unternehmen arbeiten Sie?
  - An welchem Ort?
  - Wer ist Ihr Vorgesetzter?

  Beispielsfragen für die schwierigere Fortsetzung:
  - Was halten Sie von Ihrem Vorgesetzten?
  - Wie läuft es mit dem Team?
  - Wie sehen die Ergebnisse aus?
  - Was sollte sich ändern?

Weitere Einsatzmöglichkeiten
Spontanität und kreatives Denken und Handeln

Quelle
Überlieferung

Übung 79: Die Pyramide

Ziel der Übung

Den Begriff „Teambuilding“ physisch umsetzen.
Aufmerksamkeit für den Sicherheitsaspekt bei der Zusammenarbeit einfordern.

Das wird benötigt

Etwas Platz

Dauer der Übung

15 Minuten

Beschreibung

- Der Trainer erklärt, er wolle eine Pyramide bauen, um herauszufinden, wie stabil das Team als Gesamtes ist und wie die Zusammenarbeit der Teammitglieder untereinander funktioniert. Er zeigt, wie das Bauwerk aussehen soll: Vier Personen stehen - dicht nebeneinander - auf Händen und Füßen, drei stehen auf ihnen, sie verteilen ihr Gewicht jeweils auf zwei Personen unter ihnen. Dann folgen zwei Personen, die auf dieselbe Art und Weise auf den drei Personen stehen. Die übrigen Teilnehmer helfen und achten darauf, dass niemand sich verletzen kann.

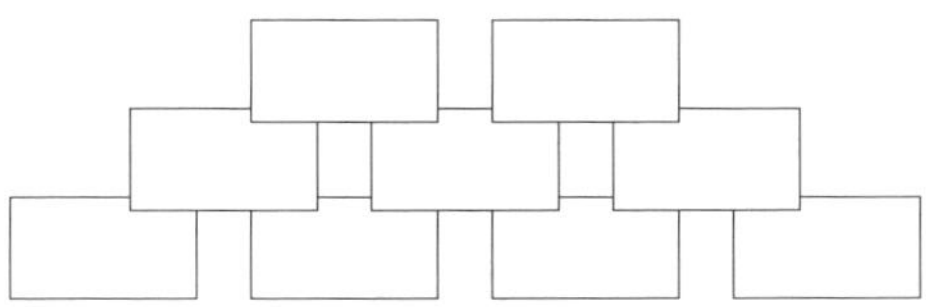

- Beim Bau der Pyramide ist der Trainer mit seiner Aufmerksamkeit bei der Sicherheit und den Grenzen der Teilnehmer.
- In der Nachbesprechung werden erste Reaktionen entgegengenommen und dem Aspekt der Sicherheit in der Situation wird Aufmerksamkeit geschenkt. Darüber hinaus kann über die Rollen, die die einzelnen Teilnehmer gespielt haben, gesprochen werden. Gibt es Parallelen zur Rolle in der wirklichen Arbeitssituation?

Kontraindikation

Anfängerteams, junge Teams. Die Teilnehmer sollten miteinander vertraut sein.

Weitere Einsatzmöglichkeiten

Körperaktivierende Übung

Quelle

Überlieferung

Übung 80: Das Drehbuch

Ziel der Übung

Das Team liefert ein Endprodukt ab.
Das Team verteilt die Rollen.
Das Team findet ein aktuelles Thema.

Dauer der Übung

30 Minuten

Beschreibung

- Der Trainer sagt dem Team, es müsse sich innerhalb von 20 Minuten einen Film ausdenken und angeben, worum es geht, in welchem Stil gefilmt wird und wer was macht. Der Trainer soll bei den nächsten Schritten so viel Struktur vorgeben, wie notwendig, damit das Vorhaben auch gelingt. Er stellt sich und das Team vor diese Herausforderung.
- *Schritt 1:* Das Filmgenre. Die Gruppe diskutiert zu diesem Punkt drei Minuten und entscheidet dann, was für eine Art von Film es sein soll: Thriller, Komödie, Schmonzette, psychologisches Drama, Science-Fiction usw.
- *Schritt 2:* Die Handlung.
  - Drei Minuten freies Assoziieren zur Frage, was in dem Film alles vorkommen soll: Die Rollen, die Ereignisse in den einzelnen Szenen, die verwendeten Gegenstände, Auswahl der Örtlichkeiten. Assoziieren heißt: alles, was gesagt wird, ist gut und wird auf einem Flipchart aufgeschrieben. Es wird nicht darüber diskutiert.
  - Die folgenden sieben Minuten werden dafür genutzt, die Handlung aufgrund der gesammelten Daten – zunächst grob – zusammenzustellen. Der Trainer strukturiert: Wo und wie fängt die Geschichte an? Welcher Moment ist der Höhepunkt? Wie endet die Geschichte? Der Trainer hilft den Teilnehmern dabei, in Aktionen zu denken und nicht in Abstraktionen. Wenn die drei Punkte feststehen, wird der Rest der Handlung ergänzt.
- *Schritt 3:* Verteilung der Rollen. Für die Verteilung der wichtigsten Rollen stehen sechs Minuten zur Verfügung. Jeder Teilnehmer macht mit, entweder als Darsteller im Film oder im Bereich der Produktion (Regisseur, Assistent, Drehbuchschreiber, Fachleute für Licht, Ton, Ausstattung, Catering). Jeder kann sich in 30 Sekunden überlegen, welchen Part er übernehmen möchte, dann folgen zwei Minuten um die Wünsche zu hören und drei Minuten, um eine Lösung für doppelte oder fehlende Rollen zu finden. Fertig!
- Die noch übrigen 10 Minuten dieses Warm-ups sind für die Nachbesprechung vorgesehen. Es wird über die Zusammenarbeit (den Prozess), das Thema des Films (Was sagt das Thema über das Team aus?) und die Rollenverteilung (Sagt sie etwas über die Mitglieder des Teams aus?) reflektiert. Es sollte ein lockeres

Gespräch sein. Niemandem wird etwas aufgedrängt. Es handelt sich schließlich nur um ein Warm-up. Heben Sie als Trainer den hohen Spaßfaktor dieser Übung hervor und spekulieren Sie ein wenig über die psychologische Seite der Übung.
- Tipp: Halten Sie sich als Trainer an das Zeitschema. Damit stellen Sie sicher, dass die Übung im Rahmen eines Warm-ups bleibt und dass die Herausforderung als Team gesucht wird.

Möglichkeiten für weitere Spiele/Übungen im Anschluss an dieses Warm-up:
- Die Gruppe sucht die aufregendste Szene des Films aus und spielt sie. Jeder führt seine Rolle aus. Die Nachbesprechung wird, wie oben beschrieben, durchgeführt, aber jetzt ausführlicher. Jede Rolle und die Art und Weise, wie sie gestaltet wurde, wird besprochen. Auch alternative Möglichkeiten werden diskutiert und eventuell gespielt. Es wird insgesamt mehr Raum dafür gegeben, den Zusammenhang zwischen dem gewählten Thema und dem Team bei der täglichen Arbeit herauszuarbeiten.
- Gedanken über die Verbindung zwischen dem Spiel und der Arbeitsweise des Teams im realen Alltag werden vertieft. Es folgt ein Gespräch über Teamarbeit, über Teamrollen und über eventuell unausgesprochene Konflikte.

Kontraindikation
Für die weiterführenden Übungen: Teams, die auch nach einigen Hilfestellungen bzw. Hinweisen durch den Trainer nicht selbst einen Zusammenhang zwischen Spiel und Realität erkennen, kann man nicht zu weiterführenden Übungen zwingen.

Weitere Einsatzmöglichkeiten
Konfliktbewältigung

Entwickelt von
Marcel Karreman

Übung 81: Auf hoher See

Ziel der Übung

Mithilfe einer Metapher einen Anreiz liefern, um Fragen rund um das Team zu untersuchen.
Mithilfe einer Metapher einen Anreiz dafür geben, die Rollen im Team zu untersuchen.

Das wird benötigt

Eine leere Bühne
Eventuell Material/Hilfsmittel, um ein Schiff (die Vorstellung eines Schiffs) darzustellen.

Dauer der Übung

30 Minuten

Beschreibung

- Der Trainer baut (eventuell mithilfe der Teilnehmer) auf der Bühne etwas auf, das ein Schiff darstellen soll. Er erklärt: „Das hier ist ein Schiff! Hier ist die Vorderseite, da die Rückseite. Jeder Anwesende überlegt sich für sich eine Rolle, die er auf dem Schiff einnehmen könnte, spricht aber nicht darüber und sucht sich einen Platz.“ Die Positionen werden eingenommen.
- Der Trainer bittet die Teilnehmer, die Augen zu schließen und sich ein paar Dinge auszudenken oder vorzustellen: Wie sieht das Schiff aus? Welche Farben hat es? Was für eine Art von Schiff ist es? Wie groß ist es usw. Weiter: Welches Wetter herrscht gerade? Wo fahren wir mit dem Schiff hin? An einen Urlaubsort? Transportieren wir etwas, holen wir das Transportgut ab oder bringen wir es weg? Wie schnell sind wir unterwegs? Öffnen Sie Ihre Augen und schauen Sie sich um. Sagen Sie noch nichts, aber wer ist der Kapitän? Wer sind die Matrosen? Wer steht am Steuer? Wer ist der Koch? usw.
- Die Fantasieübung wird beendet und es folgt eine Nachbesprechung, in der folgende Fragen erörtert werden: Wie war die Rollenverteilung? Gab es doppelt besetzte Rollen? In welchen Punkten stimmten die Fantasien überein? Bei welchen nicht? Was sagt das alles über das Team aus?

Quelle

Überlieferung

Übung 82: Moderne Zeiten

Ziel der Übung

Die Unterschiede und die Parallelen in der Herangehensweise am Arbeitsplatz und bei privaten Wünschen herausarbeiten.
Die Zusammenarbeit im Team thematisieren.

Das wird benötigt

Eine leere Bühne

Dauer der Übung

15 Minuten

Beschreibung

- Die Basis der Übung ist bekannt unter dem Titel „Die Maschine“ (siehe auch Übung 47 und Übung 76). „Moderne Zeiten“ verweist auf den Film, in dem Charlie Chaplin die Handlungen, die er an der Maschine in der Fabrik ausführt, auch dann noch weitermacht, wenn er die Fabrik bereits verlassen hat. Die Bedeutung der Arbeit hat sich inzwischen gewandelt, aber viele von uns beeinflusst und beschäftigt die Arbeit auch noch, wenn wir längst zu Hause sind. Wir beeilen uns außerhalb der Arbeit genauso wie es am Arbeitsplatz von uns verlangt wird. Effizienz und Ergebnisse zählen nicht nur am Arbeitsplatz, sondern zum Beispiel auch bei der Erziehung unserer Kinder. Diese Übung stellt eine Verbindung zwischen dem Funktionieren des Teams und privaten Wünschen her.
- Der Trainer erklärt: „Wir wollen miteinander eine Maschine bilden. Vielleicht kennen Sie dieses Spiel. Eine Person fängt mit einer Bewegung an, die sich immer wieder wiederholen lässt. Die Bewegung kann auch mit einem Laut kombiniert werden. Die nächste Person schließt sich mit einer Bewegung an, die den nächsten Teil der Maschine darstellt. Ich erwarte eine gut geschmierte Maschine von Ihnen. Alle Handlungen gehen flüssig ineinander über und am Ende kommt, buchstäblich, etwas dabei heraus. Wer fängt an?“ Die Maschine wird gestartet.
- Bis zu diesem Punkt ausgeführt, kann die Übung ein Türöffner für ein Gespräch über das Funktionieren des Teams sein. Wie klappt die Zusammenarbeit im Team? Gibt es genügend Ergebnisse? Kann man Vergleiche zwischen der Zusammenarbeit in der Maschine und dem Team in der täglichen Arbeitssituation ziehen?
- Die Fortsetzung. Der Trainer erklärt: „Jetzt bilden wir eine Freizeitmaschine. Ich werde keine weiteren Anweisungen geben. Legen Sie los.“ Oft kann man beobachten, dass bei dieser Übung das Tempo niedriger ist, dass konkrete Ereignisse (zum Beispiel das Lesen eines Buches) intensiver ausgearbeitet werden und dass das Miteinander der Teilnehmer weniger wichtig zu sein scheint.

- Im Gespräch können sich die Teilnehmer mit der Frage beschäftigen, wo die Unterschiede der beiden Maschinen liegen, ob die Freizeit wirklich so entspannt ist, ob es Elemente der Freizeitmaschine in der Arbeitsmaschine geben sollte oder müsste und wie der Aspekt des Miteinanders erlebt wird usw.

Weitere Einsatzmöglichkeiten

Interaktion

Quelle

Emunah, R. (1994)

Übung 83: Schaufensterbummel

Ziel der Übung
In kleinen Gruppen ausdrücken, wie man das gesamte Team sieht.

Das wird benötigt
Ein leerer Seminarraum

Dauer der Übung
30 Minuten

Beschreibung
- Die Gruppe wird in Dreiergruppen eingeteilt. Jede Dreiergruppe soll – innerhalb von fünf Minuten – Bilder vorbereiten, die zeigen, wie sie das Team sehen. Dabei formen die Teilnehmer selbst das Bild. Der Trainer fordert die Teilnehmer dazu auf, schnell dazu überzugehen, etwas auszuprobieren und nicht zu lange miteinander zu sprechen.
- Die Darstellungen werden eine nach der anderen betrachtet. Die Besucher sagen, wie das Bild auf sie wirkt, die Darsteller dürfen ihr Bild erklären. Es wird nicht darüber diskutiert, wer Recht hat.

Variante 1
Der Trainer ermuntert die Teilnehmer, in „Schaufenstern" zu denken, beispielsweise eines gehobenen Warenhauses, eines billigen Schuhladens, eines Sexshops, eines Spielzeuggeschäfts. Damit wird nach Metaphern für das Team gesucht.

Variante 2
Die Bilder der Anfangsübung können in Bewegung gebracht werden. Die Protagonisten können dazu auch Laute von sich geben. In der Schaufenstervariante kann ein Spiel zwischen den Elementen, die sich dort befinden, entstehen.

Quelle
Überlieferung

Übung 84: Das Teamgebäude

Ziel der Übung
Eine Metapher für das Team finden.

Das wird benötigt
Filzstifte und Papier

Dauer der Übung
30 Minuten

Beschreibung
- Die Gruppe wird in Dreiergruppen aufgeteilt. Jede Gruppe erhält Filzstifte und Papier. Der Trainer fragt: „Wäre das Team ein Gebäude, was für eine Gebäude wäre es dann? Wäre es ein Wolkenkratzer? Ein Bauernhof? Ein Reihenhaus? Ein Schloss? Hätte das Gebäude einen Namen oder gäbe es eine Aufschrift? Wäre das Gebäude möbliert? Wie sähe die Umgebung aus? Sie bekommen 10 Minuten, um das Gebäude zu zeichnen."
- Die Zeichnungen werden betrachtet und es können Fragen gestellt werden. Noch wird nicht diskutiert.
- Mögliche Fortsetzung: Die Teilnehmer einigen sich auf ein Gebäude und „ziehen dort ein." Sie suchen für sich einen Platz im Gebäude, zuerst machen sie das gedanklich, dann zeichnen alle gleichzeitig eine Figur mit Namen an der Stelle, die sie sich jeweils ausgesucht haben.

Variante
Die Gruppen denken sich ein Team-Logo aus.

Weitere Varianten
Ein Tier aussuchen, welches das Team darstellt, oder ein Bild, eine Person, eine mythologische Figur oder eine Märchenfigur, eine Musikrichtung oder ein Musikinstrument auswählen usw.

Quelle
Überlieferung

Übung 85: Zusammen losgehen

Ziel der Übung
Die Aufmerksamkeit füreinander verstärken.
Sich konzentrieren.

Das wird benötigt
Ein leerer Seminarraum

Dauer der Übung
30 Minuten

Beschreibung
- Die Teilnehmer verteilen sich frei im Raum. Alle stehen. Der Trainer erklärt: „Bewegen Sie sich so im Raum, dass die anwesenden Personen in etwa gleichmäßig verteilt sind. Wenn ich einmal klatsche, bleiben bitte alle stehen. Dann fängt eine Person an, sich zu bewegen. Wenn sie wieder stehen bleibt, gehen zwei weitere los. Wenn sie stehen bleiben, gehen drei andere Personen los. Das lassen wir so lange laufen, bis fünf Personen unterwegs sind und dann zählen wir wieder zurück bis eins. Während des Herumgehens wird nicht gesprochen."
- Der Auftrag wird ausgeführt und anschließend wird kurz über die Erfahrung gesprochen. Ist es gelungen, die Konzentration aufrechtzuerhalten? Hat es geklappt, aufeinander zu achten? Wie findet das Aufeinander-Achten in der Arbeitssituation statt?

Variante 1
Die Übung wird wie oben beschrieben, durchgeführt, aber die Teilnehmer, die in Bewegung sind, entwickeln eine gemeinsame lustige Gangart, einen „funny walk".

Variante 2
Die gesamte Gruppe setzt sich gleichzeitig in Bewegung und hält auch gleichzeitig an. Diese Übung sollte mindestens 10 Minuten lang durchgeführt werden. Irgendwann gibt es keinen (stets wechselnden) Anführer mehr, sondern das Team entwickelt ein Bewusstsein, das es ermöglicht, tatsächlich gleichzeitig loszugehen und gleichzeitig stehen zu bleiben.

Weitere Einsatzmöglichkeiten
Fokussieren

Quelle
Überlieferung

11 Warm-ups für große Veranstaltungen

Offizielle Begrüßungsworte können ziemlich langweilig sein. Wenn der Redner sich Mühe gibt, hat er sein Publikum nach fünf Minuten zum Einschlafen gebracht: „Willkommen bei ...“, „Schön, dass Sie in so großer Zahl gekommen sind“, „Ich bin ... und werde Sie durch den heutigen Tag lotsen“, „Bei uns geht es heute um ...“, „Das Programm sieht folgendermaßen aus ...“, „Ich hoffe, auch im Namen des Vorstands, dass Sie einen angenehmen und lehrreichen Tag erleben werden.“

Auch große Gruppen profitieren von einer gezielten Einführung und den richtigen Warm-ups. Was kann ein Redner tun, damit sein Publikum aktiv, motiviert und effektiv Anteil nimmt? Wie kann er das Interesse einer großen Gruppe wecken? Wie können Standpunkte kommuniziert bzw. definiert werden? Wie lässt sich eine angenehme Atmosphäre herstellen, die die Voraussetzung dafür schafft, dass die Teilnehmer motiviert sind, den Tag aktiv mitzugestalten?

Unter einer großen Gruppe verstehe ich eine Gruppe ab 20 Personen. Die Interaktion mit der Gruppe als Gesamtes wird bei dieser Personenzahl schwieriger. Es braucht einen Gesprächsleiter, um den Austausch aktiv in die richtigen Wege zu leiten. Dieser hat oft die zusätzliche Funktion eines Vermittlers.

Bei größeren Veranstaltungen begrüßt ein Moderator die Teilnehmer, er spricht zur Einführung ein paar Worte und erklärt den Ablauf des Programms. Für diese Rolle braucht es einige besondere Eigenschaften. Der Moderator sollte keine Scheu vor großen Gruppen haben, sondern durchaus gern im Scheinwerferlicht stehen, aber nicht unbedingt im Mittelpunkt. Denn das Publikum und die Redner nach ihm sind die Hauptdarsteller. Er muss andere glänzen lassen können.

Der Moderator sollte außerdem klar und deutlich seine Botschaft bringen, ohne Umschweife und ohne zu viel Zeit zu beanspruchen. Er sollte unbedingt freundlich sein und den Teilnehmern der Veranstaltung offen und einladend begegnen. Er muss gut zuhören und zusammenfassen können, alle Beteiligten im Blick haben und neutral sein. Er darf nicht nur seine persönlichen Favoriten zu Wort kommen lassen.

Die kleinen Übungen oder Spiele, die er zwischendurch einstreut, müssen sorgfältig ausgewählt werden. Sie müssen zur Zielgruppe und zum Thema bzw. zur Zielsetzung passen. Sie dürfen aber gern einen lockeren Stil haben.

Kapitel 11 ist etwas anders strukturiert als die bisherigen Kapitel. Für verschiedene Anlässe finden Sie eine kurze Einleitung. Dann folgen – passend zum entsprechenden Warm-up – einige konkrete Möglichkeiten des Vorgehens.

Sind Sie auf der Suche nach einem passenden Start für Ihren Kongress oder Ihre Arbeitskonferenz? Blättern Sie durch dieses Kapitel und wählen Sie aus! Wie wäre es, wenn Sie selbst einmal den Vorsitz für einen Tag übernehmen würden?

Übung 86: Aufmerksamkeitswecker in einer kurzen Einführungsansprache

Zu Beginn vieler Veranstaltungen spricht der Tagungsvorsitzende zunächst ein Grußwort an die Anwesenden. Das Grußwort ist faktisch eine kurze Präsentation und besteht – wie jede Präsentation – aus einer Einleitung, einem Hauptteil und dem Schluss. Sinn und Zweck der Einleitung ist nicht nur, sich selbst vorzustellen und das Thema einzuführen, sondern auch, die Aufmerksamkeit der Zuhörer zu bekommen. Der Sprecher sorgt dafür, dass er das Publikum in seinen Bann zieht. Die Einleitung ist in diesem Sinn mit einem Warm-up zu einem bestimmten Thema zu vergleichen. Wie ein Sprecher die Aufmerksamkeit auf sich ziehen kann, dafür gibt es verschiedene Wege.

Ziel der Übung
In kurzer Zeit die Aufmerksamkeit des Publikums auf sich ziehen und Interesse am Thema wecken.

Das wird benötigt
Eventuell ein Gegenstand mit Bezug zur gewählten Einleitung

Dauer der Übung
1 Minute

Beschreibung
Ein guter „Aufmerksamkeitswecker" hat einen Bezug zu dem Thema, das im Anschluss behandelt werden soll. Es ist ein bekannter Scherz, dass in dem Moment, in dem der Redner mit seinem Text anfangen möchte, sein Telefon klingelt. An dieser Stelle bittet er die Zuhörer, ihre Handys auszuschalten. Ja, das ist hübsch. Der Effekt ist noch größer, wenn es im weiteren Verlauf seines Vortrags darum geht, auf einem Kongress über Entschleunigung ständig erreichbar sein zu müssen.

Beispiele
Bei einer Konferenz zum Thema Führung könnte der „Aufmerksamkeitswecker" beispielsweise starten:

- mit einer Behauptung: „Ein coachender Führungsstil ist out!"
- mit einer Anekdote: „Ich möchte Ihnen gerne von meiner ersten Erfahrung als Führungskraft berichten."
- mit einem Scherz: „Sagt ein Chef zu seinem Untergebenen ..."
- mit einer aktuellen Nachricht: „Heute morgen war in der Zeitung zu lesen, dass der Präsident ..."
- mit einem Bild: „Führung ist wie das Warten eines Weisen in einer Grotte bis sich eine Frage ankündigt."

- mit einem Zitat: „Harry Mulisch hat einmal gesagt ..."
- indem man sich direkt an die Zielgruppe wendet: „Als Führungskraft haben Sie es nicht immer leicht."
- mit einem Gegenstand: Sie zeigen dem Publikum einen schweren Hammer als Metapher für die Last, die die Verantwortung der Vorstandsvorsitzenden einer Organisation bedeutet oder den Hammerschlag, den eine Führungskraft manchmal austeilen muss.

Übung 87: Interviews

Wenn man statt des Grußwortes mit einem Interview beginnt, wird schon der Anfang interaktiv. Das Publikum - oder ein Teil des Publikums - ist aktiv beteiligt, aber ohne Gefahr zu laufen, bloßgestellt zu werden oder sich zu blamieren. Die Atmosphäre entspannt sich und die Teilnehmer erkennen, dass sie diesen Tag nicht nur passiv und konsumierend verbringen werden.

Ziel der Übung

Die Anwesenden kurz und ohne Umstände (Sitzplätze verlassen etc.) aktiv an der Thematik beteiligen.

Das wird benötigt

Eventuell ein Mikrofon

Dauer der Übung

5 bis 10 Minuten

Beschreibung

- Der Sprecher gibt eine sehr kurze Einführung und geht dann dazu über, dem Publikum Fragen zu stellen. Die Leute sind in der Regel überrascht, aber auch neugierig auf die Meinung(en) der anderen Anwesenden und deshalb mit ihrer Aufmerksamkeit bei der Sache.
- Der Moderator oder Seminarleiter, der die Einführung spricht, stellt einen Fragebogen zusammen. Er schreibt die Fragen auf Karten. Die Fragen, die er sich hat einfallen lassen, führen das Publikum besser an das Thema heran oder helfen dabei, das Thema einzugrenzen. Die Teilnehmer beziehen durch ihre Antworten Stellung. Der Fragensteller hält sich nicht rigide an seine mitgebrachten Fragen, sondern er geht auf die Antworten der Teilnehmer ein.
- Die Dynamik verstärkt sich, wenn der Interviewer zum Publikum hingeht. Wichtig dabei ist, dass er für die Mehrheit der Anwesenden sichtbar und für alle hörbar bleibt.
- Ein guter Interviewer sorgt dafür, dass sich die Befragten geschützt und sicher fühlen können, er wird erst mit der Zeit etwas kritischer auf die Antworten reagieren. Die kritischen Anmerkungen bleiben aber leicht im Ton. Der Interviewer sucht nicht den Konflikt.
- Eventuell können sich die Teilnehmer auch untereinander Fragen stellen. Achten Sie dabei unbedingt darauf, dass dabei keine Programmpunkte vorweggenommen werden. Das Fragenstellen ist nur ein Warm-up. Achten Sie auch auf die Zeit.

Variante

Direkt am Anfang wird eine prominente Person nach vorne gebeten: ein Keynote-Sprecher, ein Direktor, ein bekannter Widerspruchsgeist oder Querulant oder einen Newcomer mit einem frischen Blick. Der Tagungsvorsitzende oder das Publikum können Fragen stellen. Der Tagungsvorsitzende achtet darauf, dass es um Fragen im Rahmen der Einführung geht und schützt den Interviewten vor dem großen gefährlichen Publikum.

Kniffe, Tricks und Spiele

Im Laufe der Zeit wurden unzählige kurze Spiele mit Publikum entwickelt, die zum Ziel haben, die Menschen im Publikum einen Augenblick lang auf die falsche Fährte zu setzen. Die Spiele appellieren meistens an das kreative Denken. Auf diese Weise soll deutlich gemacht werden, wie wichtig es während der Veranstaltung ist, die eingefahrenen Muster loszulassen und Situationen, Kollegen und Probleme einmal von einer anderen Seite oder durch eine andere Brille zu betrachten. Oft lassen sich die Vortragenden selbst solche Spiele einfallen. Hiermit möchte ich Sie gerne einladen, es auch einmal zu probieren. Zum einen, weil Sie dann schon während der Vorbereitungen selbst eine andere Brille aufsetzen und zum anderen, weil eigene Überlegungen sozusagen maßgeschneidert sind. Bei einem Brainstorming mit einem Kollegen, Zeitdauer etwa 15 Minuten, entstehen die tollsten Ideen. Probieren Sie Ihr Spiel aber im Vorfeld unbedingt mit einer kleineren Gruppe aus. Sie wollen ja am Anfang Ihres Kongresses oder Ihrer Tagung keinen Reinfall erleben. Im Folgenden finden Sie drei Beispiele zur Inspiration.

Übung 88: Worträtsel zum Querdenken

Ziel der Übung

Anregung zum kreativen Denken.
Auf kreative Weise ein Thema beleuchten.

Dauer der Übung

5 bis 10 Minuten

Beschreibung

- Der Moderator erklärt, was unter Worträtseln zum Querdenken zu verstehen ist: „Es handelt sich um eine Art von Kreuzworträtsel, wobei der gesuchte Begriff bildhaft umschrieben ist.“ Als Beispiel nennt er: geschmackvolles Licht (Birne) oder abgedunkelte Obstsorte (Schattenmorelle)
- Als Nächstes legt er der Gruppe einige Worträtsel, die zum Thema der Veranstaltung passen vor. Das Publikum rät laut. Nach jeder gefundenen Lösung kann ein kurzes Gespräch folgen, bei dem jeweils ein Subthema des Tages beleuchtet wird. Auf diese Weise kann das Programm der Veranstaltung bekannt gegeben werden.

Entwickelt von

Rien Schimmel, Calant

Übung 89: Einfache Rechenaufgabe

Ziel der Übung
Den Teilnehmern bewusst machen, dass es nicht immer effektiv ist, wenn man zu schnell Schlussfolgerungen zieht.

Das wird benötigt
Ein Blatt mit diesen Zahlen:

	1 000
	40
	1 000
	30
	1 000
	20
	1 000
	10
Summe:	

Dauer der Übung
10 Minuten

Beschreibung
- Der Moderator zeigt nur die erste Zahl am oberen Rand des Blattes. Der Rest ist abgedeckt.
- Er bittet das Publikum, gemeinsam und laut die nächsten Zahlen, die er zeigt, zur ersten hinzu zu addieren. Nach der Zwischensumme zeigt er die nächste Zahl, bis zum Schluss.
- Wenn er die Zahl 10 zeigt, fragt er: „Und das ergibt zusammen ...?“
- Fast alle sagen dann: 5 000. Die richtige Antwort ist aber: 4 100.

Quelle
Pike, B. (2004)

Übung 90: Sechs Buchstaben

Ziel der Übung

Anregung zum kreativen Denken.
Das Thema „Aufträge annehmen“ behandeln.

Das wird benötigt

Ein Blatt Papier mit dieser Mitteilung:

SBECAHSBUNCHASNTAEBNEN

Dauer der Übung

5 bis 10 Minuten

Beschreibung

- Der Gruppenleiter oder Moderator zeigt das Blatt Papier und erklärt in genau diesen Worten den Auftrag: „Streichen Sie sechs Buchstaben raus, so dass ohne Veränderung der Reihenfolge der übriggebliebenen Buchstaben ein normales deutsches Wort übrigbleibt.“
- Die Lösung ist: Streichen Sie genau die Buchstaben, die zusammen die Wörter „SECHS BUCHSTABEN“ ergeben weg und es erscheint das Wort „Bananen“.

Quelle

Pike, B. (2004)

Große Gruppen in Aktion

Es gibt Warm-ups, die auch mit einer unbegrenzten Anzahl von Teilnehmern durchgeführt werden können. Sie funktionieren auch dann, wenn von beispielsweise 250 Personen nicht nur einzelne etwas „performen“, sondern auch, wenn alle miteinander in Aktion kommen. Ein erwünschter Nebeneffekt ist die lebendige Atmosphäre, die dadurch entsteht. Die Leute lachen miteinander, tauschen Informationen aus, sie gewöhnen sich schon in dieser Phase daran, miteinander Spiele und Übungen zu machen und sich so mit allen Sinnen dem zu behandelnden Thema zu nähern.

Tagungsvorsitzende meiden diese Übungen gern, weil sie befürchten, sie könnten als kindisch empfunden werden. Das ist aber, wie die Praxis zeigt, so gut wie nie der Fall. Ob Sie nun einen Tag mit Fabrikarbeitern oder mit Vorstandsvorsitzenden planen: Es funktioniert immer, auch mit einem gemischten Publikum, wenn also Fabrikarbeiter und Vorstandsvorsitzende gemeinsam in einer Gruppe sind.

Es gibt noch einen anderen Grund, warum diese Art von Warm-ups nicht so häufig zum Einsatz kommt: Viele Moderatoren und Gesprächsleiter haben Angst, die Ruhe in der Gruppe nicht wieder herzustellen zu können. Manchmal muss der Moderator in der Tat die Stimme deutlich erheben (ein gutes Mikrofon ist auch eine Option), aber eine Gruppe wird immer wieder ruhig, egal, wie groß sie ist. Es kann möglicherweise ein wenig dauern, aber Sie können sicher sein, dass sich das Publikum wohlfühlt und dass die Aktivität sinnvoll ist. Wenn Sie – der Moderator – selbst entspannt sind, werden Sie spüren, wann der Moment gekommen ist, um zu sagen: „Gut, und nun beenden Sie bitte die Übung.“ Wenn die Gruppe nicht allzu groß ist, können Sie auch eine Runde um die Teilnehmer herum drehen.

Es werden an dieser Stelle vier Warm-ups vorgestellt. Weitere Vorschläge finden Sie in der Übersicht auf Seite 205.

Übung 91: Ein Schwatz mit dem Nachbarn

Ziel der Übung

Die Teilnehmer lernen sich kennen.
Die Interaktion wird gefördert.

Dauer der Übung

5 bis 15 Minuten

Beschreibung

- Geben Sie als Moderator vier Fragen vor, die Sie eventuell an die Tafel oder den Flipchart schreiben:
  - Wie heißen Sie?
  - Woher kommen Sie?
  - Welche Firma/Organisation vertreten Sie?
  - Was wollen Sie an dem heutigen Tag auf jeden Fall erreichen?
- Die Teilnehmer tauschen sich nun mit einem Nachbarn aus, einem Nachbarn links oder rechts oder vor oder hinter ihnen. Danach wird dasselbe Fragespiel mit anderen Nachbarn gespielt.

Variante

Es werden nur die ersten drei Fragen verwendet und die Teilnehmer sollen innerhalb von zwei Minuten so viele andere Teilnehmer wie möglich kennenlernen. Jeder soll sich merken, wie viele Personen er kennengelernt hat. Der Moderator ermittelt, wer nach 120 Sekunden die meisten Menschen kennengelernt hat. Die Teilnehmer dürfen bei dieser Variante natürlich ihren Platz verlassen.

Weitere Einsatzmöglichkeiten

Sich kennenlernen

Quelle

Überlieferung

Übung 92: Singen

Ziel der Übung
Eine entspannte Atmosphäre schaffen.
Anregung zur Interaktion.

Dauer der Übung
5 bis 15 Minuten

Beschreibung
- Haben Sie schon einmal gemeinsam mit 250 Menschen gesungen? Es gibt in den Niederlanden zwei Kabarettisten, Toon Hermans und Wim Kan, die das ab und zu gemacht haben. Man muss aber kein Kabarettist sein, um in einem großen Saal alle zum Singen zu bringen.
- Nehmen Sie eine einfache Melodie – vielleicht von einem Kinderlied („Alle meine Entchen ...") – als Grundlage, erfinden Sie einen passenden Text dazu, den Sie auf die Tafel oder das Flipchart schreiben.
- Und singen Sie miteinander.

Variante 1
Singen im Kanon. Mehrstimmig. Zum Beispiel zur Melodie von Frère Jacques (Bruder Jakob).

Variante 2
Lassen Sie das Publikum einen passenden Text zur Melodie eines bekannten Refrains singen (wie oben unter Beschreibung) und singen Sie selbst die Strophen. Das erfordert einiges an Mut!

Kontraindikation
Eine Zusammenkunft mit ernsthaftem Inhalt und hohem Abstraktionsniveau oder eine Zusammenkunft, bei der es nicht um Interaktion geht.

Weitere Einsatzmöglichkeiten
Abschlussübungen

Quelle
Überlieferung

Übung 93: Die „Ich“-Übung

Ziel der Übung

Die Ich-Orientierung von Menschen in kurzer Zeit aufzeigen können.
Die Teilnehmer dazu animieren, einander zuzuhören.
Die Interaktion fördern.

Dauer der Übung

5 Minuten

Beschreibung

- Der Moderator bittet die Teilnehmer, sich zu erheben und einen Gesprächspartner neben, vor oder hinter sich zu wählen. Er gibt ein Gesprächsthema vor, zum Beispiel einen Aspekt, der mit dem Thema der Tagung oder der Konferenz zu tun hat oder ein Thema aus den aktuellen Nachrichten. Anschließend bittet er die Paare, zwei Minuten lang über dieses Thema zu sprechen. Bei dem Gespräch dürfen sie vier Wörter nicht verwenden: ich, mir, mich und mein. Wenn jemand eines der Wörter dennoch verwendet, muss er sich daraufhin setzen. Dies kann dazu führen, dass nach einer Minute einer der Gesprächspartner sitzt und der andere steht. Wenn beide sitzen, ist die Übung beendet.
- Die Praxis lehrt, dass fast niemand zwei Minuten durchhält. Diese Übung demonstriert, wie sehr wir alle auf uns selbst ausgerichtet sind. Die Übung gelingt letztlich nur, wenn man viele (offene) Fragen stellt und den Zuhörer gibt.

Weitere Einsatzmöglichkeiten

Interaktion

Quelle

Pike, B. (2004)

Übung 94: Symbole

Ziel der Übung

Das Thema des Tages behandeln.
Die Teilnehmer animieren, ihre Erwartungen an den Tag und die Thematik auszusprechen.
Die Interaktion fördern.

Das wird benötigt

Jeder Teilnehmer bekommt ein Blatt Papier und einen Filzstift auf seinen Stuhl gelegt.

Dauer der Übung

15 Minuten

Beschreibung

- Der Moderator lenkt die Aufmerksamkeit auf den Filzstift und das Papier, das jeder Teilnehmer auf seinem Stuhl vorfindet. Mit beidem soll nun direkt gearbeitet werden. Die Teilnehmer sollen in fünf Minuten etwas Konkretes zeichnen. Der Moderator erklärt, was alles gezeichnet werden kann, zum Beispiel:
  - Ein Symbol für die Firma oder die Organisation (der der Teilnehmer angehört).
  - Ein Symbol für die Atmosphäre, die der Teilnehmer von diesem Tag erwartet.
  - Ein Symbol für die Einschätzung des Themas, das an diesem Tag behandelt wird.
  - Ein Symbol für ein Ziel, das der Teilnehmer sich für diesen Tag gesetzt hat.
- Nach genau drei Minuten wird die Zeit gestoppt. Es ist kein Problem, wenn die Zeichnung noch nicht fertig ist.
- Die Teilnehmer können zuerst einmal ihre Erfahrungen mit einem Nachbarn austauschen.
- Der Moderator geht durchs Publikum und bitten den einen oder anderen Teilnehmer sein Symbol mit Worten zu beschreiben. Der Moderator kann sich bei der Auswahl von seinen eigenen Vorlieben leiten lassen. Er kann auch spontan Teilnehmer auffordern, ihre Symbole zu erklären oder Teilnehmer bitten, die Arbeit ihres Nachbarn zu erläutern.
- Am Ende der Veranstaltung können die Symbole noch einmal zur Sprache gebracht werden, um zu sehen, welche Bedeutung sie jetzt, nach der Erfahrung des Tages, haben (siehe auch Übung 98 „Metaphern und Symbole für den Abschied“).

Weitere Einsatzmöglichkeiten
Interaktion

Quelle
Überlieferung

12 Abschlussübungen

In diesem Buch geht es bisher um Warm-ups, also Übungen, die als Einstieg zur Seminar- oder Kongressarbeit verwendet werden können, aber auch während der Veranstaltungen zum Einsatz kommen können. Für Abschlussübungen, um die es in diesem Kapitel geht, gilt das nicht. Abschlussübungen haben einen spezifischen Charakter. Deshalb werden sie gesondert behandelt und in einer eigenen Kategorie zusammenfasst.

Der junge Mann springt auf die Motorhaube des Cabrios. Er streckt seine Hand nach dem Mädchen auf dem Fahrersitz aus. Das Mädchen ruft entzückt seinen Namen und klettert über die Frontscheibe auf ihn zu. Er drückt sie an sich und beginnt sein Lied: „Love me tender, love me true ..." Sie flüstert noch einige Male seinen Namen. Die Kamera dreht sich um die beiden und wir sehen in der Nahaufnahme, wie das Paar langsam auf der Motorhaube tanzt. Der Abspann läuft einfach über sie hinweg.

So endet der Film, den ich in der Einführung des Buches bereits angesprochen habe. Die Konflikte sind überwunden, der filmische Höhepunkt ist vorbei.

Bei den Vorbereitungen für eine Veranstaltung mit mehreren Menschen richtet man sich zunächst auf den Höhepunkt aus. Worauf arbeiten Sie hin? Was sind Ihre Ziele? Dann folgt die Frage, wie Sie die Pläne und Ziele erreichen können. An diesem Punkt enden die meisten Vorbereitungen. Der Schluss ist fast immer derselbe: Es werden Pläne und Vorsätze für die Zukunft anhand der SMART-Methode formuliert und es folgt eine Evaluation der Veranstaltung.

Beim oben skizzierten Ende des Films passiert aber mehr. Die Hauptfiguren finden zueinander und teilen ihre Gefühle. Es ist ein Moment der Stille, die dem Zuschauer Gelegenheit bietet, sich zu besinnen. Sich zu besinnen geht über ein rein rationales Geschehen hinaus. Die beim Betrachten des Films erlebten Emotionen können nachwirken. In diesem Moment kann man, je nach Erfahrung, noch ein wenig nachgenießen oder sich abwenden. Es wird sozusagen ein emotionales Werturteil formuliert. Der Zuschauer lässt die Highlights vor seinem inneren Auge noch einmal Revue passieren und filtert dasjenige heraus, das für ihn wichtig war. Die nächste Phase findet in der Nachbesprechung mit den Freunden oder Kollegen statt: „Wie hat es dir gefallen?" Manchmal auch: „Wie hättest du in der Situation reagiert?" Die Vernunft spricht wieder ein entscheidendes Wörtchen mit.

Die in diesem Kapitel beschriebenen Übungen zum Abschluss einer Veranstaltung bauen zudem eine Brücke zur Alltagsroutine und dem Leben nach dem Training oder nach der Tagung. Sie sorgen für eine Regulation der Emotionen, die Rückbesinnung, das „Sharing" und einen rituellen Übergang in das Alltagsleben. Eine ausgewählte Übung zum Abschluss kann eingeplant werden *nachdem* die Pläne und Vorsätze für die Zukunft formuliert wurden, oder sie kann *vorher stattfinden,* aber auf jeden Fall sollte sie vor der üblichen Evaluation (mit Formularen) erfolgen.

Geeignete Abschlussübungen anzuwenden, empfiehlt sich:

- wenn persönliche Erfahrungen geteilt wurden,
- wenn Konflikte behandelt wurden,
- wenn es noch offene Fragen gibt (wenn nicht jedem alles klar geworden ist oder, wenn nicht für jeden Aspekt eine klare Abmachung formuliert wurde),
- am Ende einer längeren Veranstaltung oder einer Reihe von Veranstaltungen.

Übung 95: Abschiedsfotos

Ziel der Übung
In der Gruppe Abschied nehmen.
Die Gruppe am Ende der Veranstaltung charakterisieren.

Das wird benötigt
Eine leere Bühne

Dauer der Übung
15 Minuten

Beschreibung
- Alle Teilnehmer sitzen vor der leeren Bühne. Der Trainer erklärt: „Wir wollen ein Gruppenfoto von uns machen. Das Foto wird ein Symbol dafür sein, was uns als Gruppe ausmacht. Sie gehen nacheinander auf die Bühne und nehmen jeweils eine bestimmte Position ein und so baut sich das Bild allmählich auf. Wenn das Bild steht, treten die Teilnehmer einzeln heraus, um das Gesamte von außen zu betrachten. Ich werde jeweils die Lücke füllen."
- Der Trainer kann ein Polaroid-Foto machen, um das Feedback zu begleiten oder er fotografiert mit Smartphone oder Kamera und schickt den Teilnehmern das Foto zur Erinnerung zu.
- Es kann nützlich sein, wenn der Trainer darauf hinweist, dass die Teilnehmer ab und zu auch physisch eine Verbindung herstellen könnten. Diese Verbindung kann sowohl harmonisch als auch kämpferisch sein. Damit erreicht man, dass die Komposition in den Mittelpunkt gerückt wird.

Variante 1
Zum Vergleich wird zunächst ein „Foto" von der Gruppe gemacht, wie sie am Anfang war.

Variante 2
Das Foto kommt in Bewegung und wird dann wieder eingefroren. Zur Bewegung können auch Geräusche gemacht werden. Das hat den Zweck, dem Bild mehr Gefühl zu verleihen. Ein Gruppenmitglied sagt: „Los, und ... Einfrieren". Das kann einige Male wiederholt werden.

Weitere Einsatzmöglichkeiten
Teambuilding

Quelle
Überlieferung

Übung 96: (Bewegte) Skulpturen

Ziel der Übung

Momente aus dem Training miteinander teilen; Bilder sagen manchmal mehr als Worte.
Den Kern einer Geschichte ermitteln.
Effektiv nonverbal kommunizieren.

Dauer der Übung

20 Minuten

Beschreibung

- Die Teilnehmer stehen im Kreis. Der Trainer leitet an: „Schließen Sie die Augen oder bleiben Sie mit Ihrem Blick in Ihrer Nähe. Konzentrieren Sie sich. Lassen Sie den Tag/die Tage vor Ihrem inneren Auge Revue passieren. An welche besonderen Momente erinnern Sie sich jetzt? Öffnen Sie die Augen wieder."
- Der Trainer fährt fort: „Ich werde Sie gleich bitten, Momente aus dem Training zu nennen. Drei Personen, die sich Ihnen gegenüberstellen, werden Ihnen den Moment bildlich vor Augen führen. Es handelt sich dabei um eine Impression, keine buchstäbliche Wiedergabe. Diejenigen, die das Bild bzw. die Skulptur darstellen, müssen dafür sorgen, dass der Erzähler selbst eine Hauptrolle bekommt, auch wenn er in der Situation, von der er berichtet, gar nicht wirklich vorkommt. Die Person in der Mitte fängt an und stellt einen Aspekt der Geschichte dar, die Personen links und rechts ergänzen Stück für Stück, was noch fehlt."
- Die Übung beginnt. Manchmal dauert es eine gewisse Zeit, bis der erste Moment berichtet wird. Das macht nichts, solange Sie als Trainer entspannt bleiben. Helfen Sie den Erzählern dabei, klar in ihrem Bericht zu sein. Animieren Sie die Teilnehmer, auch ruhig bei der Ausgestaltung der Bilder, der Skulpturen ins Risiko zu gehen.

Variante

Wenn die erste Übung gelingt, können auch sich wiederholende Bewegungen und Geräusche/Töne oder Textfragmente hinzugefügt werden, d.h. anstelle eines starren Bildes (wie bei einem Foto) bzw. einer starren Skulptur ist das Resultat ein bewegtes Bild, eine bewegte Skulptur (eine DVD, die hängengeblieben ist).

Weitere Einsatzmöglichkeiten

Interaktion

Quelle

Playback Theater

Übung 97: Ich gehe fort und nehme mit oder lasse zurück

Ziel der Übung

Einzelne Ereignisse bei der Veranstaltung positiv oder negativ bewerten. Einzelne Ereignisse bei der Veranstaltung einordnen oder (gedanklich) fortsetzen.

Dauer der Übung

30 Minuten

Beschreibung

- Die Gruppe sitzt im Kreis und der Trainer gibt folgende Anweisungen: „Schließen Sie einmal kurz die Augen und lassen Sie Momente, die sich im Lauf dieser Veranstaltung ereignet haben, noch einmal Revue passieren. Nehmen Sie wahr, was die Bilder bei Ihnen auslösen. Sie haben sicherlich einen Bewertungsmaßstab dafür. War es angenehm oder irritierend? Können Sie etwas damit anfangen? War es schwierig oder (zu) einfach? Wurde effektiv damit gearbeitet oder eher ineffektiv?“
- Nach einer Weile fährt der Trainer fort: „Öffnen Sie nun die Augen wieder. Wir machen nun mehrere Runden in unserem Kreis, bei denen Sie erklären können, was Sie von dieser Veranstaltung mitnehmen und was Sie zurücklassen. Es geht nicht darum, möglichst originell zu sein. Wenn es viele ähnliche Aussagen gibt, verstärkt das den Gesamteindruck.“
- Der Trainer kann bei Bedarf um Präzisierung der einen oder anderen Aussage bitten, die Bitte darf aber keine Abwertung oder kritische Anmerkung enthalten.

Variante 1

In der Mitte des Kreises befindet sich eine Kiste, die sogenannte Magic Box. Die Teilnehmer können mimisch oder symbolisch alles in die Kiste hineinlegen, was sie hinterlassen wollen oder aus der Kiste herausholen, was sie mitnehmen wollen. Durch diese Handlung erhalten bestimmte Aspekte symbolisches Gewicht und Größe. Außerdem können die Handlungen zum Beispiel mit Respekt oder aber mit Geringschätzung durchgeführt werden.

Variante 2

Die Übung kann auch zwischen zwei Zusammenkünften eingebaut werden. Das erste Treffen, welches der Veranstaltung folgt, wird dann mit dieser Übung begonnen. Alles, was beim letzten Mal mitgenommen oder zurückgelassen wurde, kann eventuell wieder zum Vorschein geholt werden. Oder die Teilnehmer nehmen beispielsweise etwas heraus, was sie beim letzten Mal vermisst haben.

Weitere Einsatzmöglichkeiten
Sich kennenlernen

Quelle
Überlieferung

Übung 98: Metaphern und Symbole für den Abschied

Ziel der Übung

Erfahrungen, die während der Veranstaltung gemacht wurden, einordnen.
Ein Symbol oder eine Metapher zur Verfestigung der Erinnerung suchen.

Das wird benötigt

Eventuell Farbstifte und Papier.
Alles, was im Raum vorhanden ist.

Dauer der Übung

30 Minuten

Beschreibung

- Jeder Teilnehmer sucht sich im Raum einen bequemen Sitzplatz. Der Trainer gibt die Anweisung: „Schließen Sie die Augen und lassen Sie Momente der zu Ende gehenden Veranstaltung vor Ihrem inneren Auge Revue passieren. Nehmen Sie wahr, was die Bilder bei Ihnen auslösen. Überlegen Sie sich eine Metapher (ein Sinnbild) oder ein Symbol (ein Objekt) für die Veranstaltung als Gesamtes oder für einen wichtigen Teilaspekt oder erlebten Moment."
- Die Teilnehmer bilden sitzend einen Kreis und berichten, welche Metaphern und Symbole sie gewählt haben.

Variante 1

Naturvariation. Die Teilnehmer gehen für sich getrennt 10 Minuten spazieren und suchen in der Natur etwas, das als Symbol die Veranstaltung – oder einen Moment aus der Veranstaltung – repräsentiert.

Variante 2

Theatervariation. Nachdem ein Symbol oder eine Metapher gefunden wurde, drücken die Teilnehmer dies bildlich aus, indem sie andere Teilnehmer in ein Bild positionieren, das die Metapher oder das Symbol darstellt. Es dürfen Gegenstände wie Jacken, Schals, Taschen benutzt werden.

Variante 3

Zeichenvariante. Nachdem eine Metapher oder ein Symbol gefunden wurde, wird es von den Teilnehmern gezeichnet – abstrakt oder realistisch, je nach Vorliebe. Die Zeichnung wird den anderen Teilnehmern präsentiert.

Quelle

Überlieferung

Übung 99: Glücklicherweise, doch jammerschade

Ziel der Übung
Material für einen späteren Begegnungstag sammeln: Rückblick auf die vergangenen Tage.
Material für die Evaluation sammeln.

Das wird benötigt
Stühle, damit die Teilnehmer in einem Kreis sitzen können.

Dauer der Übung
15 Minuten

Beschreibung
- Die Teilnehmer sitzen im Kreis. Der Trainer erklärt zur Einführung: „Wir blicken auf die vergangene(n) Veranstaltung(en) zurück. Schließen Sie die Augen und nehmen Sie sich zwei Minuten Zeit, um Bilder vor Ihrem inneren Auge entstehen zu lassen ... Öffnen Sie die Augen wieder. Wir machen nun reihum jeder eine Aussage/eine Bemerkung und es wird nicht darüber diskutiert. Eine Regel muss dabei eingehalten werden: Die eine Aussage muss mit dem Wort „Glücklicherweise ..." anfangen, die nächste mit dem Wort „Jammerschade ..." usw.
- Diese letzte Ergänzung sorgt für Erfindungsreichtum, Spontanität und lustige Effekte. Wenn nötig, relativiert diese Methode die Dinge und wird als erleichternd empfunden. Auf diese Weise sorgt der Trainer dafür, dass Raum für kritische Bemerkungen entsteht.

Quelle
Emunah, R. (1994)

Übung 100: Ehemaligen-Treff

Ziel der Übung

Erfahrungen oder Themen des Gruppentreffens (oder der Gruppentreffen) in der zeitlichen Perspektive sehen.
Sich von Erfahrungen oder Themen des Gruppentreffens distanzieren.
Persönliche Zukunftserwartungen bildlich darstellen.

Das wird benötigt

Eine leere Bühne (vorzugsweise keine Stühle)

Dauer der Übung

5 Minuten für jede Zweiergruppe

Beschreibung

- Der Trainer erklärt die Übung: „Wir machen jetzt ein Zukunftsprojekt. Im Anschluss werden Sie jeweils einen Kollegen/einen anderen Teilnehmer hier auf der Bühne treffen. Das verläuft folgendermaßen: Sie befinden sich dann in einer Situation in der Zukunft. Jemand darf die Bühne betreten und sagen, *wo* er jetzt ist (in einem Einkaufszentrum, an einem Flughafen, in einer anderen Firma, usw.), *wann* sich die Szene abspielt (in fünf Jahren, er ist selbst inzwischen betagt usw.) und *wen* er treffen möchte. Die entsprechende Person geht auf die Bühne und spielt die Übung mit. Der Gesprächsinhalt wird auf jeden Fall die Zeit und das Thema dieses Gruppentreffens sein und Ihre jeweilige Entwicklung seither – bezogen auf dieses Thema bzw. diese Themen.“
- Begleitung während der Übung:
  - Die Teilnehmer auf der Bühne befinden sich zunächst in größerem Abstand zueinander, wenn sie Kontakt aufnehmen.
  - Geben Sie den Teilnehmern zuerst die Gelegenheit kurz miteinander zu sprechen, damit sie klären können, was aus ihnen im Allgemeinen geworden ist.
  - Sorgen Sie dafür, dass sich das Gespräch im weiteren Verlauf um die Themen der aktuellen Veranstaltung dreht.
  - Erlauben Sie es den Teilnehmern, sowohl über inhaltliche, prozesshafte als auch beziehungsorientierte Aspekte zu sprechen.

Weitere Einsatzmöglichkeiten

Introspektion und persönliche Entwicklung

Quelle

Emunah, R. (1994)

Übung 101: Wir erheben das Glas auf ...

Ziel der Übung
Auf einfache und spielerische Weise Abschied von den Ereignissen während der Veranstaltung nehmen.

Das wird benötigt
Eventuell Gläser und Erfrischungsgetränke, Cidre oder Champagner

Dauer der Übung
10 Minuten

Beschreibung
- Die Teilnehmer stoßen miteinander auf die Ereignisse bei dieser Veranstaltung an – mit Gesten oder mit echten Gläsern. Alles darf Erwähnung finden: große und kleine Resultate, kleine Vorkommnisse, Aussagen der Teilnehmer, Erwartungen an die Zukunft usw.
- Wichtig ist, dass tatsächlich miteinander angestoßen wird (oder so getan wird als ob). Die Gläser sollen klirren mit jeweils mehreren anderen und es sollen tatsächlich einige Schlucke getrunken werden.
- Wenn die Teilnehmer die Situation so gestalten – möglicherweise mit richtigen Getränken – gehen Sie vielleicht nach der Veranstaltung tatsächlich miteinander noch etwas trinken.

Quelle
Emunah, R. (1994)

Übung 102: Der Regen

Ziel der Übung

Nonverbal abschließen.
Das Gemeinschaftsgefühl und das Gefühl der gemeinsamen Stärke fördern.

Das wird benötigt

Ein stiller Raum

Dauer der Übung

20 Minuten

Beschreibung

- Die Gruppe bildet einen großen Kreis. Der Trainer stellt sich in die Mitte und erklärt, wie die Übung abläuft: „Es wird während der Übung nicht gesprochen. Wenn der Trainer Sie anschaut, übernehmen Sie seine Handlung. Sie machen diese Handlung so lange, bis er Sie wieder anschaut. Ab da übernehmen Sie erneut die Handlung, die er jetzt ausführt und wiederholen diese so lange, bis er sie wieder anschaut."
- Der Trainer beginnt bei einem willkürlich ausgewählten Teilnehmer und schaut ihn direkt an. Der Trainer reibt sich die Hände. Der Teilnehmer macht das nun ebenso und hält es durch bis der Trainer ihn wieder anschaut. Der Trainer reibt sich immer noch die Hände und schaut nun die Teilnehmer der Reihe nach an, bis alle, nacheinander sich die Hände reiben (Effekt: ein sanftes Rauschen wird hörbar).
- Wenn der Trainer die Runde beendet hat und wieder zum ersten Teilnehmer zurückkehrt, schnippt er mit dem Finger und geht mit diesem Fingerschnippen wieder im Kreis herum (Effekt: ein „Nieselregen" wird hörbar).
- Als Nächstes klatscht er sanft in die Hände und fordert wieder alle im Kreis auf, es ihm nachzutun. (Effekt: Der Regen wird stärker).
- Nun klatscht er mit den Händen auf die Knie (Effekt: prasselnder Regen).
- Danach klatscht der Trainer mit den Händen auf die Knie und er trappelt mit den Füßen. (Effekt: Ein regelrechter Platzregen).
- Anschließend beendet er das Trappeln mit den Füßen, aber er klatscht weiter mit den Händen auf die Knie (Effekt: Der Platzregen lässt nach).
- Nun klatscht er wieder sanft in die Hände (Effekt: der prasselnde Regen lässt nach).
- Es geht weiter mit dem Fingerschnippen (Effekt: Der Regen geht über in Nieselregen).
- Dann reibt er sich wieder die Hände (Effekt: Der Nieselregen weicht einem sanften Rauschen).

- Zu guter Letzt lässt er seine Arme einfach hängen (Effekt: Die einzelnen Regentropfen verschwinden, es herrscht Stille).
- Es ist wichtig, dass der Trainer bei der Übung Ruhe ausstrahlt, denn die Teilnehmer verstehen die Übung erst, wenn sie den Effekt wahrnehmen!

Weitere Einsatzmöglichkeiten

Teambuilding

Quelle

Überlieferung

Übung 103: Ein Applaus für Sie!

Ziel der Übung
Gruppentreffen auf eine positive und lustige Art beenden sowie Energie spenden.

Dauer der Übung
1 Minute

Beschreibung
- Die Teilnehmer stehen im Kreis. Der Trainer gibt die Anweisungen: „Halten Sie eine Hand hoch, so dass die Handinnenfläche nach oben zeigt und die andere Hand halten Sie ebenfalls hoch, aber so, dass die Handinnenfläche nach unten zeigt. Sorgen Sie dafür, dass Ihr Nachbar seine Hände genau anders herum hält und halten Sie Ihre Hände jeweils über oder untereinander.
- Der Trainer macht selbst bei der Übung mit. Wenn alle Teilnehmer bereit sind, ruft er: „Applaus für Sie selbst!“ und er fängt an zu klatschen, indem er die Hände seiner beiden Nachbarn dafür nutzt. Die Gruppe macht automatisch mit.
- Ein kleines „Yeah!“ kann helfen!

Quelle
Überlieferung

Diese Warm-ups eignen sich auch für folgende Inhalte und Ziele …

1 Sich kennenlernen

Übung 91: Ein Schwatz mit dem Nachbarn
Übung 97: Ich gehe fort und nehme mit oder lasse zurück *(Die Frage lautet hier: Ich bin von zu Hause ausgezogen und habe mitgenommen/zurückgelassen)*

2 Fokussieren

Übung 42: Face it
Übung 43: Union Jack
Übung 55: Der Buchstabe L
Übung 56: Spiegeln
Übung 85: Zusammen losgehen

3 Vertrauen und Zusammenhalt

Übung 10: Die Landkarte *(hier: Der Akzent liegt auf den Themen, die etwas mit der Vergangenheit zu tun haben und darauf, bezüglich der Motivation der Teilnehmer weiter zu fragen)*
Übung 11: Ich bin eine Puppe
Übung 58: Lebende Puppe

4 Körperaktivierende Übungen

Übung 6: Namensspiel 1 – aktiv und spielerisch
Übung 18: Wer fängt an?
Übung 33: Sei gegrüßt!
Übung 40: There ain't no flies on us!
Übung 59: Eine Runde drehen
Übung 63: Stühle versetzen
Übung 64: Seifenblasen-Krieg
Übung 79: Die Pyramide

5 Interaktion

Übung 1: Anklingeln
Übung 2: Die Parkbank
Übung 3: Keine zwei sind gleich
Übung 8: Namensspiel 3 – kurz, aktiv, einfach und spielerisch
Übung 13: Zeige mir dein Gesicht und ich sage dir, wer du bist
Übung 17: Drei Änderungen
Übung 19: Schuldig!
Übung 28: Wenn ich klatsche
Übung 29: „In Touch“
Übung 30: Spüre deine Kraft
Übung 44: Kauderwelsch
Übung 49: Aber Großmutter ...
Übung 50: Was machen Sie denn da ...?
Übung 52: Monolog oder Zweiergespräch?
Übung 54: Dreißig Sekunden
Übung 61: Beginn – Höhepunkt – Ende
Übung 62: Ein-Phrasen-Dialog
Übung 67: Hallo Herr Nachbar
Übung 82: Moderne Zeiten
Übung 96: (Bewegte) Skulpturen

6 Spontanität und kreatives Denken und Handeln

Übung 1: Anklingeln
Übung 5: Das schönste Foto zum Leben erwecken
Übung 25: Und dann?
Übung 27: Funny Walks
Übung 38: Spontanreaktion
Übung 48: Bühne frei!
Übung 78: Der Team-Monolog

7 Führung

Übung 21: Eins sein mit seinem Gegenüber
Übung 22: Einander blind folgen
Übung 23: Fallen, nicht fallen
Übung 24: Entspannen und vertrauen
Übung 40: There ain't no flies on us!
Übung 51: Die Schreibmaschine

8 Konfliktbewältigung

Übung 30: Spüre deine Kraft
Übung 48: Bühne frei!
Übung 80: Das Drehbuch

9 Introspektion und persönliche Entwicklung

Übung 9: Erzähl doch mal ...
Übung 26: Zur Musik bewegen
Übung 39: Das Wartezimmerspiel
Übung 46: Telefonsolo
Übung 60: Status
Übung 100: Ehemaligen-Treff

10 Teambuilding

Übung 4: Autor, Regisseur und Schauspieler
Übung 20: Teamwork – Zählen und ein Schritt nach vorn
Übung 22: Einander blind folgen
Übung 32: Seitenwechsel
Übung 47: Die Emotionsmaschine
Übung 53: Die Kettengeschichte
Übung 64: Seifenblasen-Krieg
Übung 68: Vor Gericht!
Übung 73: Wer bin ich? Und wer bin ich außerdem noch?
Übung 74: Masken
Übung 76: Die Personenmaschine
Übung 95: Abschiedsfotos
Übung 102: Der Regen

11 Warm-ups mit großen Gruppen

Übung 5: Das schönste Foto zum Leben erwecken *(hier: beispielsweise mit vier Gruppen à 10 Personen arbeiten)*
Übung 6: Namensspiel 1 – aktiv und spielerisch
Übung 10: Die Landkarte *(hier: Variante, bei der nur mit dem Geburtsort, dem Wohnort und dem Hände-Schütteln gearbeitet wird)*
Übung 16: Mein Snack
Übung 30: Spüre deine Kraft *(hier: nur das „Armdrücken“)*
Übung 31: Stimmen
Übung 45: Die Konversation scheint sich erschöpft zu haben *(hier: In Zweiergruppen und alle Teilnehmer gleichzeitig)*
Übung 64: Seifenblasen-Krieg

Abschlussübungen (siehe Kapitel 12) mit großen Gruppen

Übung 97: Ich gehe fort und ich nehme mit oder lasse zurück
Übung 99: Glücklicherweise, doch jammerschade
Übung 102: Der Regen

12 Abschlussübungen

Übung 5: Das schönste Foto zum Leben erwecken
Übung 47: Die Emotionsmaschine
Übung 48: Bühne frei!
Übung 92: Singen

Literatur

Playback-Theater

Fox, J. (1994/2003). *Acts of Service. Spontaneity, Commitment, Tradition in the Nonscripted Theatre*. New Paltz, NY: Tusitala. [dt. Übersetzung: Fox, J. (1996). *Renaissance einer alten Tradition: Playback-Theater*. München: InSzenario.]

Salas, J. (2007). *Improvising Real Life. Personal Story in Playback Theatre*. New Paltz, NY: Tusitala. [dt. Übersetzung: Salas, J. (2009). *Playback-Theater* (2. Aufl.). Berlin: Alexander.]

Theatersport

Hofman, H. (2001). *Improviseren kun je leren. Een handleiding voor spel en theater*. Utrecht: ThiemeMeulenhoff.

Johnstone, K. (1992). *Impro. Improvisation and the Theater*. London: Methuen Drama. [dt. Übersetzung: Johnstone, K. (1993). *Improvisation und Theater*. Berlin: Alexander.]

Dramatherapie

Emunah, R. (1994). *Acting for Real. Drama Therapy Process, Technique, and Performance*. New York: Brunner-Routledge.

Jones, P. (1999). *Drama as Therapy. Theatre as Living*. London: Routledge.

Drama/Theater

Dijck, M. van (2000). *Dramatiseren. Een geillustreerd handboek voor speldocenten en regisseurs*. Bussum: De Toneelcentrale.

Training/Therapie

Berne, E. (2010). *Games People Play. The Psychology of Human Relationships*. Harlow: Penguin. [dt. Übersetzung: Berne, E. (2016). *Spiele der Erwachsenen. Psychologie der menschlichen Beziehungen* (17. Aufl.). Reinbek b. Hamburg: Rowohlt.]

Kris, E. (1977). *Die ästhetische Illusion. Phänomene der Kunst in der Sicht der Psychoanalyse*. Frankfurt a. M.: Suhrkamp. [dt. Erstausgabe, Übersetzung aus dem Amerikanischen, Original erschienen 1952.]

Oomkes, F. (2001). *Training als beroep*. Amsterdam: Boom.

Pike, B. (2004). *101 games for trainers. A collection of the best activities from creative training techniques Newsletter*. Amherst, MA: HRD.

Yalom, I. (1989). *Theorie und Praxis der Gruppenpsychotherapie: Ein Lehrbuch*. München: Pfeiffer. (Original erschienen 1970)

Weiterlesen

Dirkse-Hulscher, S. & Talen, A. (2007). *Het groot werkvormenboek. Dé inspiratiebron voor resultaatgerichte trainingen, vergaderingen en andere bijeenkomsten*. Den Haag: Academic Service.

Wijk, A. van der & Stehen, H. van der (2009). *Werk in uitvoering. Over de kracht van improviseren op de werkvloer*. Culemborg: Van Duuren Management.

Zuidgeest, Y. (2003). *De aanjagers. Een bundeling werkvormen voor trainers*. Amsterdam: Reed Business.

Der Autor des Buches

Marcel Karreman ist als Berater bei Academia Aemstel (Amsterdam, Niederlande) tätig, einem Unternehmen, welches auf strategische Führungskräfteentwicklung, die Förderung der persönlichen Entwicklung und die Sinnerfüllung im Beruf spezialisiert ist. Bei seiner Tätigkeit nutzt er auch fantasieanregende Arbeitsformen wie Storytelling, Rollenspiel, Spielfilmfragmente und Theatertechniken. Er führt regelmäßig Workshops durch und hält Vorträge über den Gebrauch von Warm-ups und ihre positiven Effekte auf Lernergebnisse.